Sherlock Holmes

Sherlock Holmes

Tüfteln Sie sich durch die Fälle des Meisterdetektivs

Pierre Berloquin

Librero

Titel der Originalausgabe:
Solving Sherlock Holmes. Puzzle Your Way Through the Cases

Copyright © 2019 für die deutschsprachige Ausgabe:
Librero IBP
Postbus 72, 5330 AB Kerkdriel, Niederlande

Diese Ausgabe entstand in Zusammenarbeit mit The Quarto Group.
Copyright © 2017 Pierre Berloquin

Layout: Didier Guiserix
Design: Denis Dugat und Didier Guiserix (auf der Grundlage von Sidney Pagets Originaldesign)
Stadtplan von London: Nicku/Shutterstock.com
Spielidee und Buchdesign: Pierre Berloquin – Créalude

Der Autor möchte sich bei Louise Wallace, Mike Dickman und Stuart Miller für ihre unschätzbare Hilfe bedanken.

Aus dem Englischen übersetzt von
Klaus Kramp, Köln
Satz der deutschsprachigen Ausgabe
Ute Conin, Köln

Printed in China
ISBN 978-94-6359-146-1

Alle Rechte vorbehalten. Kein Teil des Werkes darf in irgendeiner Form (durch Fotografie, Mikrofilm oder ein anderes Verfahren) ohne schriftliche Genehmigung des Verlages reproduziert oder unter Verwendung elektronischer Systeme verarbeitet, vervielfältigt oder verbreitet werden.

Bei der Zusammenstellung der Texte und Abbildungen wurde mit größter Sorgfalt vorgegangen. Trotzdem können Fehler nicht vollständig ausgeschlossen werden. Verlag und Autor können für fehlerhafte Angaben und deren Folgen weder juristische noch irgendeine Haftung übernehmen. Für Verbesserungsvorschläge und Hinweise auf Fehler sind Verlag und Autor dankbar.

Inhalt

Einleitung	6
Kapitel 1: Das gesprenkelte Band	8
Kapitel 2: Die tanzenden Männchen	36
Kapitel 3: Ein Skandal in Böhmen	64
Kapitel 4: Der Hund der Baskervilles	92
Kapitel 5: Die Liga der Rothaarigen	120
Kapitel 6: Der Marinevertrag	148
Lösungen zu den einzelnen Kapiteln	176
Lösung des Silbenrätsels	200
Lösungen zu den Karten	202

Einleitung

Lesen Sie dieses Buch nicht. Spielen Sie es!

Anstatt jedes Kapitel Seite für Seite wie bei einem herkömmlichen Buch zu lesen und dabei jedes Rätsel zu lösen, werden Sie mehr Spaß haben, wenn Sie Seiten überspringen und Holmes' Spuren folgen, indem Sie den Hinweisen, Vorkommnissen sowie Rätseln auf den anschließenden Seiten nachgehen, genauso wie unser Meisterdetektiv einen Fall aufklären würde. Es gibt drei miteinander verknüpfte Herausforderungen, die Sie erwarten.

Herausforderung 1: Jedes Kapitel weist 23 Rätsel auf, die Holmes und Watson meistern müssen. Sie reagieren auf berühmte Personen, Umgebungen und ungewöhnliche Ereignisse, die auf sechs klassischen Sherlock-Holmes-Geschichten beruhen. Die Handlungen sind leicht abgewandelt, um das Vergnügen durch zusätzliche Denkaufgaben noch zu erhöhen.

Herausforderung 2: Jedes Kapitel hält eine Karte von London und Umgebung für Sie bereit, damit Sie die Rätsel bearbeiten können. Nach der Lösung einer Aufgabe finden Sie unten auf der Seite in einem Kasten eine Teilantwort oder einen Hinweis. Die Antwort darauf führt Sie dann zum nächsten Rätsel, das Sie entschlüsseln müssen. Sie werden sich also auf der Karte wie durch ein Labyrinth bewegen und von Rätsel zu Rätsel springen.

Herausforderung 3: In jedem Kapitel ist absichtlich ein Buchstabe falsch, um Sie auf Trab zu halten. Auf den ersten Blick sieht es aus wie ein Druck- oder Rechtschreibfehler, aber das ist nicht der Fall. Jeder Buchstabe (insgesamt sechs) ergibt zusammen mit den anderen ein Wort, wenn alle Fälle vollständig gelöst sind.

Viel Glück!

1. Nach dem Lösen eines Rätsels verraten Ihnen Hinweise innerhalb des Kastens, wohin Sie sich als Nächstes auf der Karte bewegen müssen.

2. Die Antwort auf der Karte gibt Ihnen die Nummer des nächsten zu lösenden Rätsels. Fahren Sie fort, um die übrigen Rätsel jedes Kapitels zu entschlüsseln.

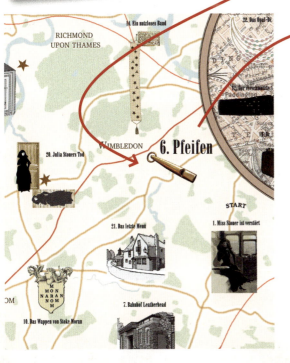

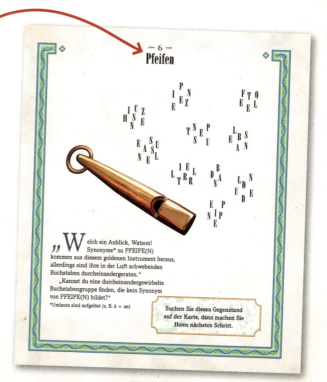

Sir Arthur Conan Doyle, Autor und Schöpfer des berühmten Detektivs, hat diese Kurzgeschichte zu seinem Lieblingsabenteuer von Sherlock Holmes erwählt. Die Mischung aus Intrige, Action und Logik ist ein perfektes Rezept für Detektivgeschichten, das Leser seit der Veröffentlichung 1892 begeistert hat. Conan Doyle gefiel diese Erzählung so gut, dass er eine Bühnenfassung schuf, die genauso erfolgreich war wie die ursprüngliche Geschichte. „Das gesprenkelte Band" dient als Vorlage für unsere erste Reise in Holmes' imaginäre Welt. Die Handlung spielt in Londons Baker Street und im Herrenhaus Stoke Moran nahe Leatherbridge in Surrey. Die Figuren reisen mit dem Zug und Pferdewagen im Laufe der Geschichte hin und her.

Den Erläuterungen der Einleitung gemäß sollten Sie die Karte wie einen Reiseführer stets bei sich tragen. Sie ist unerlässlich, um Sie durch die fremden Orte und Plätze sowie Ereignisse dieses Kapitels zu leiten.

Beginnen Sie mit dem ersten Rätsel, lösen Sie es und folgen Sie dem Hinweis im Kasten, um auf der Karte die Nummer des nächsten Rätsels zu suchen, mit der Sie sich dann zum entsprechenden Rätsel im Kapitel begeben.

Wiederholen Sie diese Vorgehensweise bei jedem Rätsel, indem Sie zwischen den Rätseln und der Karte hin- und herpendeln, bis Sie den letzten Hinweis im Kasten erreicht haben.

Das gesprenkelte Band

23. Ein tödlicher Biss

18. Dr. Roylotts Safe-Rätsel

RICHMOND UPON THAMES

15. Eine Knotenleine?

9. Streichholzrätsel

20. Julia Stoners Tod

8. Ein zahmer Pavian

4. Roylotts Leopard

2. Stoke Moran

10. Das Wappen von Stoke Moran

EPSOM

LEATHERHEAD

1
Miss Stoner ist verstört

An einem frühen Aprilmorgen sitzt eine junge schwarz gekleidete und verschleierte Frau in einem Zug nach London. Miss Stoner ist aufgewühlt und auf dem Weg zum berühmten Detektiv Sherlock Holmes, um ihn um Hilfe zu bitten. Sie führt ein Geschenk ihrer verstorbenen Schwester mit sich, einen Glaswürfel, auf dessen 5 Seiten jeweils ein Buchstabe von Miss Stoners Vornamen eingraviert ist. Sofort nach ihrer Ankunft weckt Holmes seinen schlafenden Freund und Partner Dr. John Watson. „Tut mir leid, dass ich dich so abrupt wecke, Watson, aber eine junge Dame in einem beachtlichen Zustand von Erregtheit ist angekommen, die darauf besteht, mich zu sehen. Sie hält einen sonderbaren Glaswürfel mit Buchstaben in ihren Händen. Kannst du den Namen darauf entziffern?"

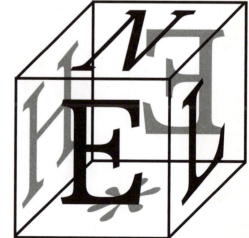

Suchen Sie auf der Karte Waterloo Station.

2
Stoke Moran

Bei ihrer Ankunft in Stoke Moran, dem Herrenhaus und Besitz von Helen Stoners Stiefvater Dr. Roylott, entsteht vor dem geübten Auge unseres berühmten Detektivs sofort eine Denkaufgabe.

Er fragt Watson: „Was wäre, wenn einige Abschnitte des Herrenhauses in einem Kreis bewegt würden, wobei jedes Teil das nächstfolgende ersetzt? Könntest du die Teile wieder korrekt anordnen?"

> Die Anzahl der verschobenen Teile verrät Ihnen, wohin Sie sich auf der Karte begeben müssen.

3
Rund um ein Mandala

Nachdem Sherlock vernommen hatte, dass Dr. Roylott ein praktischer Arzt im indischen Kalkutta war, schlägt er Watson ein Spiel vor.

„Mandalas sind beliebte symbolische Bilder in Kalkutta. Unabhängig von der inneren Logik der Zahlen, welche Zahl passt nicht dazu?"

Begeben Sie sich auf der Karte zu der Zahl, die nicht zu den anderen passt.

4
Roylotts Leopard

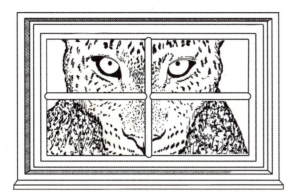

TIGER
LOEWE
JAGUAR
LEOPARD
KARAKAL
SERVAL
COLOCOLO
KODKOD
OZELOT
ONCILLA
LUCHS
ROTLUCHS
MARGAY
PUMA
KATZE
GEPARD

„Fühl dich nicht bedroht, Watson!", ruft Sherlock. „Dieser Leopard schaut uns aus reiner Neugier an, da bin ich mir sicher. Er ist bestimmt zahm und harmlos. Ich würde das Gleiche jedoch nicht über alle Katzen sagen."

Diese Bemerkung veranlasst Holmes und Watson, ihre Kenntnisse über Katzenarten in einer Liste zusammenzustellen. Alle bis auf eine in der Aufzählung rechts sind unten in der Wortsuche aufgeführt, und zwar von rechts nach links, von links nach rechts oder senkrecht.

```
D N T I G E R E Z T A K
E W E O L D R A P O E L
R M J A U A O Z E L O T
D A T L C D T K L E B I
P R A F H I D O A P U S
A G U P S K C D R J I E
K A R A K A L K P A T R
C O L O C O L O I G K V
C D G E P A R D P U M A
S H C U L T O R K A M L
T R M A R G A Y V R A I
```

Die Zeile der fehlenden Katze oben verrät Ihnen das nächste Ziel auf der Karte.

5
Waterloo Station

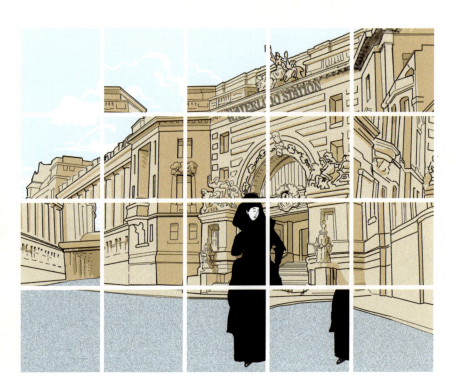

Helen Stoner hat es eilig, London Waterloo Station zu verlassen, und ist auf der Suche nach einer Droschke. Sie ist so stark aufgewühlt, dass sie die Orientierung verliert. Holmes skizziert das Bild oben mit einigen Abschnitten des Bahnhofs, die Helens Verstand infolge ihrer Anspannung waagrecht umgedreht hat, und wendet sich an Watson: „Kannst du die Abschnitte zählen, die sich nicht verändert haben?"

> Suchen Sie Holmes' Straße auf der Karte und begeben Sie sich dorthin.

6
Pfeifen

„Welch ein Anblick, Watson! Synonyme* zu PFEIFE(N) kommen aus diesem goldenen Instrument heraus, allerdings sind ihre in der Luft schwebenden Buchstaben durcheinandergeraten."

„Kannst du eine durcheinandergewirbelte Buchstabengruppe finden, die kein Synonym von PFEIFE(N) bildet?"

*Umlaute sind aufgelöst (z. B. ä = ae)

> Suchen Sie diesen Gegenstand auf der Karte, dann machen Sie Ihren nächsten Schritt.

— 7 —
Bahnhof Leatherhead

6 : 32
8 : 25
9 : 33
10 : 25
12 : 26
12 : 43
15 : 53
18 : 36
20 : 54

„Schau dir das mal an, Watson. Was hältst du von diesem unlogischen Fahrplan der Züge nach London Waterloo Station?"
„Eine Zugverbindung gehört hier einfach nicht hin. Welche ist es?"

Die Zeile mit der unlogischen Zugverbindung verrät Ihnen, wohin Sie auf der Karte gehen müssen.

8
Ein zahmer Pavian

PAVIAN
MAKAKE
STUMMELAFFE
SAKI
DRILL
DSCHELADA
UAKARI
MARMOSETTE
LOMAMI-
MEERKATZE
MANDRILL
HUSARENAFFE
ROLOWAY-
MEERKATZE
TAMARINAFFE
SPRINGAFFE
KAPUZINER-
AFFE
GRÜNE
MEERKATZE

„Da ist ein Pavian", stellte Holmes fest. „Er bildet unter den Affen keine große Ausnahme, höchstens wegen seiner ungewöhnlich langen Nase."

„Früher hatte ich auch einen Affen. Es ist zufällig der zwölfte der Aufzählung, wenn du dir diese in alphabetischer Reihenfolge vorstellen kannst."

> Die Zeile mit Holmes' Affen in der Liste oben verrät Ihnen das nächste Ziel auf der Karte.

9
Streichholzrätsel

Sherlock erläutert Watson: „Während sie mit dem Tod rang, begriff Julia Stoner, was sie tötete. Sie versuchte ihrer Schwester einen Hinweis zu hinterlassen, indem sie eine Streichholzschachtel neben ihrer Kerze benutzte."

„Fast hätte sie es geschafft, allerdings müssen noch zwei Streichhölzer an ihre richtigen Stellen gelegt werden. Kannst du dir vorstellen, wohin sie gehören?"

> Wenn Sie herausgefunden haben, was Julia tötete, suchen Sie es auf der Karte.

10
Das Wappen von Stoke Moran

„Sieh' dir einmal genau die Buchstaben auf diesem Wappen an, Watson", fordert ihn Sherlock auf. „Es ist mit Absicht so gestaltet worden, damit die Anzahl an Möglichkeiten, MORAN mit benachbarten Buchstaben zu lesen, genau der Anzahl an Mitgliedern in jedem Familienzweig entspricht."

„Wie viel Mal kannst du MORAN auf diese Weise lesen, wobei jeder Buchstabe nur einmal je Wort verwendet werden darf?"

> Suchen Sie auf der Karte ein
> Instrument, das hohe Töne erzeugt.

⇒ 11 ⇐
Landschaftslogik

Während sie im Zug nach Leatherhead sitzen und die vorbeiziehenden Herrenhäuser und die Landschaft bewundern, fordert Holmes Watson zu einer Denkaufgabe mit folgenden Fakten heraus:

(1) Herrenhäuser, deren Wände mit Geißblatt bewachsen sind, haben keine Ziegeldächer.
(2) Wenn es eine Kiefer gibt, dann ist die Wand mit Geißblatt überdeckt.
(3) Ziegelwände und Ziegeldächer kommen immer gemeinsam vor.

Holmes fragt: „Wenn diese Fakten gegeben sind, ist es dann möglich, dass eine Kiefer vor einem Herrenhaus mit einem Ziegeldach steht?"

Suchen Sie Holmes' und Watsons Fahrtziel auf der Karte.

12
Der verschmutzte Ärmel

Während Holmes die Schmutzflecke auf Helen Stoners Ärmel betrachtet, folgert er scharfsinnig, dass sie in einem Jagdwagen zum Bahnhof gefahren wurde. Er bleibt für einige Minuten schweigsam, starrt auf die Flecke und wendet sich dann an Watson: „Ich komme einfach nicht umhin, darüber nachzudenken, wie viele Gerade durch die Mitte von mindestens drei Flecken gezogen werden können. Wie viele Gerade kannst du ähnlich denen im gezeigten Beispiel zeichnen, Watson?"

> Suchen Sie auf der Karte ein prunkvolles Geschmeide und begeben Sie sich dorthin.

— 13 —
Watsons Revolver

DIE HAUPTTEILE DIESES REVOLVERS SIND:

LAUF
SCHLOSS
ZYLINDER
GEHÄUSE
HAMMER
SCHRAUBE
ABZUG
GRIFF
ZÜNGEL
WARZE
BOLZEN

„Einige Wörter in der Aufzählung ragen hervor, weil sich mindestens einer ihrer Buchstaben in keinem anderen Wort wiederfindet", erläutert Sherlock Watson. „Zum Beispiel kommt y nur in Zylinder vor."

„Welche anderen Wörter erfüllen dieses Kriterium?"

> Addieren Sie 5 zur Gesamtzahl solcher Wörter, das Ergebnis ist das nächste Ziel auf der Karte.

14
Ein nutzloses Band

„Dieses gesprenkelte Band hängt vollkommen nutzlos von diesem Entlüftungsgitter herunter. Die Darstellung darauf ist logisch und kann mich nicht täuschen, aber vielleicht dich, Watson? Ist es nicht offensichtlich, dass ein Stern vergessen wurde?"

„Welche Art von Stern fehlt in der logischen Gestaltung des Bands?"

> Suchen Sie den fehlenden Stern auf der Karte – daneben liegt Ihr nächstes Ziel.

15
Eine Knotenleine?

„Aha, eine verwickelte Leine, Watson, die perfekte Darstellung deines Verstands, wenn du ein Rätsel löst!", scherzt Holmes. „Ich habe vor einiger Zeit ein Buch über Knoten verfasst, weil sie häufig nützlich sind, um einen Verbrecher zu ermitteln."

„In dieser Hundeleine könnte ein Knoten entstehen, vielleicht aber auch nicht. Was denkst du, Watson?"

Suchen Sie die Kerze, die Julia Stoner vor ihrem Tod hielt, und gehen Sie auf der Karte dorthin.

16
Baker Street

Als sie in die Baker Street zurückkehren, bemerkt Holmes, dass sich in der Wand einige Risse hinter seinem Baker-Street-Schild gebildet haben. Er fragt Watson: „Wie viele Dreiecke lassen sich aus ihnen konstruieren, wenn das Schild sie nicht verdecken würde?"

Suchen Sie Dr. Watsons Tasche auf der Karte.

17
Verbogene Schürhaken

Dr. Roylott, Helen Stoners Stiefvater, taucht unvermittelt in Holmes' Büro auf. Er versucht den Detektiv mit seiner Körperkraft einzuschüchtern und verbiegt einen Schürhaken mit bloßen Händen. Aber Holmes ist wenig beeindruckt und wirft schnell einige Formen auf ein Stück Papier und sagt zu Watson: „Wenn du auch nur das kleinste bisschen Kreativität besitzen würdest, Doktor, hättest du die Schürhaken in so kunstvolle Formen wie diese gebogen."

„Sherlock", unterbricht Watson, „nicht alle deine Formen sind unterschiedlich, manche sind gleich."

„Stimmt, Watson, ich habe mich mehrere Male wiederholt. Wie viele gleiche Paare kannst du finden?"

Gehen Sie zum Rätsel, das sich auf der Karte direkt nordwestlich von diesem befindet.

18
Dr. Roylotts Safe-Rätsel

„Kannst du die Zahlenkombination herausfinden, Watson?", fragt ihn Sherlock. „Dieser Unterteller mit Milch neben Dr. Roylotts Safe ist sonderbar. Wir sollen offenbar denken, dass das Ungetüm einem anderen, ungewöhnlichen Zweck dient. Wenn es also weder Geld noch Wertsachen wie normale Safes enthält, was könnte sonst darin aufbewahrt werden? Vielleicht etwas, das Milch konsumiert? Aber gewiss nicht der Leopard!"

Holmes fährt fort: „Scheinbar hat Dr. Roylott einen besonderen Sinn für Humor, da er ein Rätsel als Gedankenstütze auf der Safetür eingeritzt hat, dessen Lösung die Zahlenkombination sein muss – nette Idee, aber ziemlich unsicher, muss ich schon sagen."

Ermitteln Sie die Kombinationszahl, addieren 11 zur fehlenden Schlüsselzahl und gehen auf der Karte dorthin.

19
Dr. Watsons Fachgebiet

Helen Stoner begegnet Dr. Watson in 221B Baker Street.
Sherlock fordert sie auf, Watsons Tätigkeit auf diesem Vieleck herauszufinden.
„Beginnen Sie oben mit A und überspringen Sie dann immer die gleiche Anzahl Buchstaben im Uhrzeigersinn, um Watsons Beruf zu entziffern."

Suchen Sie auf der Karte ein Teil von Helen Stoners Kleidung, auf dem Holmes einen Hinweis findet.

20
Julia Stoners Tod

„Julia starb auf mysteriöse Art vor den Augen ihrer Zwillingsschwester Helen. Als sie ihre Schwester betrachtete, fielen Helen einige Unterschiede auf zwischen den Konturen ihres Kleides und dem ihrer Schwester", erläutert Holmes.

„Die Zwillinge sind eineiig, also identisch, nur ihre Kleider sind nicht gleich. Wie viele Abweichungen kannst du erkennen?", fragt er Watson.

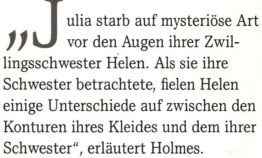

Begeben Sie sich an den Ort, wo Holmes und Watson zu Abend essen.

21
Das letzte Menü

Vor dem Gasthof zur Krone ruft Holmes erfreut aus: „Erwarten mich diese Leute hier? Ihre Speisekarte fordert mich zu einem geistigen Wettstreit heraus."

„Der Preis des letzten Menüs fehlt, aber ich kann diesen leicht mithilfe der anderen Preise herausfinden, die eindeutig logisch sind."

„Kannst du den fehlenden Preis ermitteln, Watson?"

Menü

Taubenauflauf	6/7
Kalbsgulasch	5/7
Rinderbraten	6/6
Lammfilets	4/6
Putenroulade	5/7
Fruchteis	????

Ist die Aufgabe gelöst, verrät Ihnen die linke Seite des Preises plus 9, wohin Sie auf der Karte gehen müssen.

22
Das Opal-Diadem

„Ich erinnere mich noch lebhaft an dieses Diadem aus dem Farintosh-Fall", sagt Holmes zu Watson, „da der Juwelier noch einen Hauch von Logik zur vollendeten Schönheit des Reifs hinzugefügt hat. Es hat Methode, welche Steine er ausgewählt und wie er sie aufgezogen hat. Eine Kette ist allerdings anders als die anderen gefertigt. Welche ist es, Watson?"

Suchen Sie eine Reihe verbogener Schürhaken auf der Karte und begeben sich dorthin.

23
Ein tödlicher Biss

OTTER
ANAKONDA
BOA
KOBRA
LACHESIS
MAMBA
URUTU
VIPER
NATTER

„Man kann sich auf diesem Kreuzworträtsel, das wie ein gesprenkeltes Band aussieht, leicht Schlangennamen vorstellen. Wenn man an all die Schlangen denkt, die Dr. Roylott hätte benutzen können, Watson, dann scheint es so, als ob unser Planet nur so von ihnen wimmeln würde."

Füllen Sie die Schlangennamen in die Kästchen; lesen Sie dann den Text auf der nächsten Seite.

Der falsche Buchstabe

„Hast du einen winzigen, aber auffallenden Fehler in diesem Kapitel bemerkt, Watson? Ah, natürlich, du konntest ihn nicht sehen, weil dein Verstand nicht geübt ist, die kleinen Unstimmigkeiten wahrzunehmen, die ich als Detektiv Hinweise nenne. Diese Details, die gewöhnliche Sterbliche üblicherweise nicht beachten, sind die entscheidenden Steinchen, auf denen meine Lösungen der Rätsel beruhen."

Die Abweichung, die Sie in diesem Kapitel entdeckt haben, ist ein Hinweis für das abschließende Silbenrätsel. Notieren Sie den Buchstaben (auch Diphthonge, z. B „ei", „au") unten, um das Rätsel auf Seite 175 lösen zu können, wenn Sie alle sechs Fälle dieses Buches bearbeitet haben.

Hinweis zu Kapitel 1: _____

KAPITEL 2
Die tanzenden Männchen

Die ungemeine Beliebtheit dieser Geschichte beruht nur teilweise auf Conan Doyles Erzähltalent, sondern größtenteils auf der Verwendung eines Geheimcodes, der aus Symbolen tanzender, Buchstaben darstellender Strichmännchen besteht. Die Erzählung erschien sechzig Jahre nach Edgar Allan Poes Kurzgeschichte *Der Goldkäfer*, in der zum ersten Mal die Entschlüsselung einer Geheimschrift im Mittelpunkt der Handlung steht. Während Poe typographische Zeichen benutzt, setzt Doyle tanzende Silhouetten ein, die sowohl angenehmer fürs Auge als auch faszinierender sind.

Den Erläuterungen der Einleitung gemäß sollten Sie die Karte wie einen Reiseführer stets bei sich tragen. Sie ist unerlässlich, um Sie durch die fremden Orte und Plätze sowie Ereignisse dieses Kapitels zu leiten.

Beginnen Sie mit dem ersten Rätsel, lösen Sie es und folgen Sie dem Hinweis im Kasten, um auf der Karte die Nummer des nächsten Rätsels zu suchen, mit der Sie sich dann zum entsprechenden Rätsel im Kapitel begeben.

Wiederholen Sie diese Vorgehensweise bei jedem Rätsel, indem Sie zwischen den Rätseln und der Karte hin- und herpendeln, bis Sie den letzten Hinweis im Kasten erreicht haben.

1
Ein Experiment

„Schau genau hin, Watson", fordert ihn Holmes auf. „Während wir auf unseren Klienten Herrn Hilton Cubitt aus Norfolk warten, werde ich ein Experiment durchführen. In vielen Kriminalfällen kann die Chemie entscheidend sein, um die Wahrheit zutage zu fördern. Ich werde die Vokale in die Konsonanten gießen, sie mischen und auf die richtige Temperatur erhitzen. Die Buchstaben werden eine Tätigkeit hervorbringen, die sich in diesem Fall als besonders nützlich erweisen wird."

> Benennen Sie die „chemische Reaktion" und suchen Sie diese auf der Karte.

2
Fußspuren im Beet

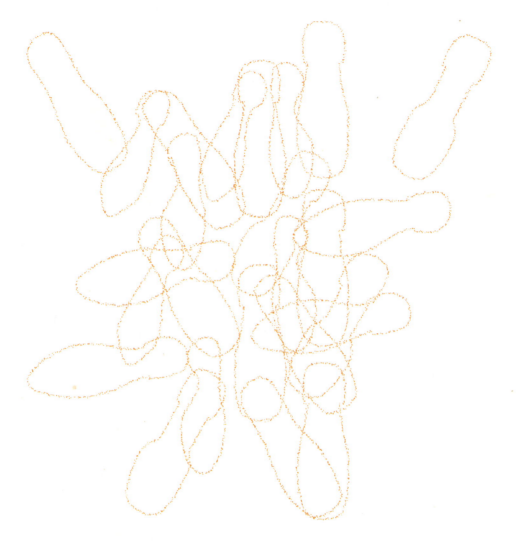

„**H**ilf mir, Watson", bittet ihn Holmes. „Wir müssen die Fußspuren im Blumenbeet bestimmen, um sie unterschiedlichen Personen, die unter dem Fenster die Blumen zertrampelten, zuordnen zu können. Wie viele verschiedene Personen waren es?"

Suchen Sie auf der Karte das Fenster mit codierter Botschaft und Blick auf die Blumenbeete.

3
Watsons Übungen

„Watson, ich schlage vor, dass du dir dieses Geheimalphabet einzuprägen beginnst. Ein äußerst genialer Verbrecher schuf es, um seine Botschaften hinter kindlich wirkendem Gekritzel zu verbergen. Jeder Buchstabe des Alphabets wird durch eine Figur eines tanzenden Zeichens dargestellt, wobei die mit einem Fähnchen ein Wortende anzeigen."

„Ich habe den Code mithilfe seiner Schreiben entschlüsselt – in der rechten Spalte ist die Bedeutung jeder Figur aufgeführt. Jetzt können wir den Verbrecher mit seinem eigenen System irreführen und ihm eine Botschaft senden, die ihn zu Fall bringen wird."

„Entziffere unterdessen zur Übung diese Nachricht."

> Suchen Sie anschließend auf der Karte nach dem Elsie erdrückenden Albtraum.

4
Verwirrender Bahnhof

„Pass auf deine Schritte auf, aber schau mal hoch aufs Dach", warnt Holmes. „Jedes Mal, wenn ich durch diesen Bahnhof gehe, frage ich mich, was die Architekten beabsichtigten, als sie dieses Labyrinth aus Metall entwarfen. Wollten Sie die Tagespendler verwirren? Ich komme nicht umhin, zu überprüfen, ob sich alle Teile an ihrem richtigen Platz befinden."

„Kannst du die Anzahl der Teile angeben, Watson, die zwischen der linken und rechten Dachansicht gegeneinander ausgetauscht wurden?"

> Suchen Sie auf der Karte einen Bahnhof eher herkömmlicher Bauweise.

5
Entschlüsseln

„Wir müssen unser Experiment unterbrechen", ruft Holmes aus, „weil unser Klient heute Morgen eine sehr merkwürdige Botschaft mit tanzenden Figuren erhalten hat. Es sieht aus wie ein Bild aus Kinderhand, aber wir müssen es ernst nehmen, da offensichtlich einige Menschenleben auf dem Spiel stehen. Wir wissen allerdings zu wenig, um irgendetwas damit anfangen zu können, lass uns also mit der Analyse der Symbole beginnen."

„Einige Zeichen wiederholen sich. Ich schlage vor, die Grundfiguren aufzulisten, egal, ob mit Fähnchen oder ohne."

> Die Anzahl der benutzten verschiedenen Symbole plus 1 verrät Ihnen das nächste Ziel auf der Karte.

6
Fensterbotschaft

„Ich muss zugeben, Watson, dass ich mich fast hätte irreführen lassen", gesteht Holmes. „Die Botschaft ist nicht nur mit Strichmännchen codiert, sondern auch noch raffiniert aufgebaut, was unerfahrene Leser daran hindert, sie zu verstehen."
(Hinweis: das Alphabet ist das gleiche wie in Rätsel 3.)

> Suchen Sie auf der Karte ein weiteres Fenster ganz anderer Art und begeben sich dorthin.

— 7 —
Die Wasserstelle

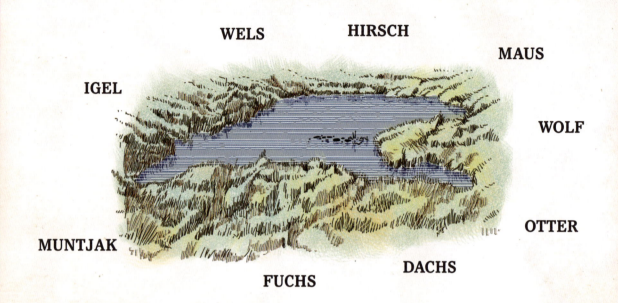

„Bist du nicht fasziniert von dieser Wasserstelle nahe dem Gutshaus Riding Thorpe?", fragt Holmes Watson. „All diese Wildtiere, die in der Umgebung vorkommen, müssen sich das Wasser teilen. Stell dir vor, wie vorsichtig einige Arten sein müssen, um nicht auf ihre Feinde zu treffen, so wie Verbrecher mir nicht begegnen möchten!"

„Ordne die neun Tiere beginnend mit WELS und endend mit FUCHS so nebeneinander an, dass Tiere, die vor- oder hintereinander stehen, keinen Buchstaben gemeinsam haben (z. B. HIRSCH–OTTER oder MUNTJAK– IGEL)."

> Suchen Sie auf der Karte ein Kleidungsstück, das vor der Sonne schützt.

8
Verborgene Stadt

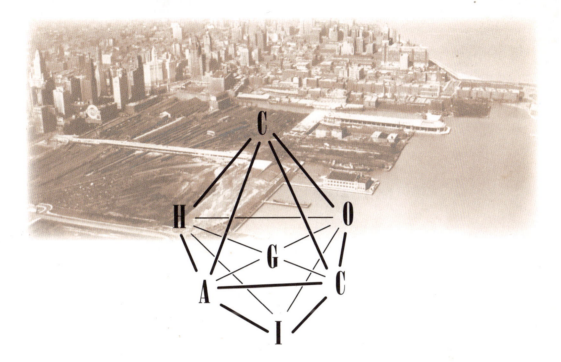

„Außer Geheimcodes gibt es viele andere Möglichkeiten ein Wort zu verschlüsseln", kommentiert Holmes. „Diese Doppelpyramide aus Buchstaben sieht unlesbar aus. Erst wenn du herausgefunden hast, wie du den Linien folgen musst, kannst du den korrekten Namen von Elsies Geburtsstadt entziffern, wobei der Anfangsbuchstabe eine wichtige Rolle spielt."

> Die Stelle des Anfangsbuchstabens im Alphabet plus 1 führt zum nächsten Ziel auf der Karte.

9
Panamahüte

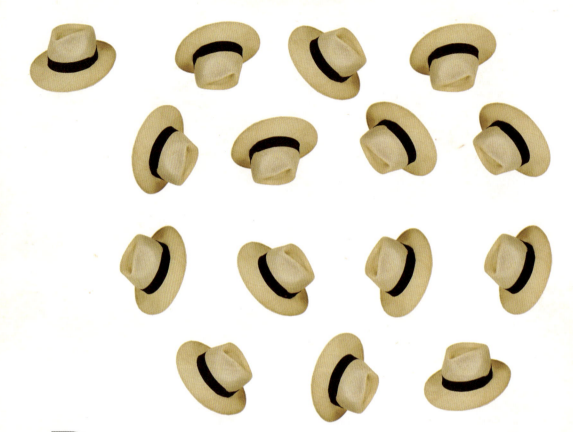

„Das auffälligste Detail der Kleidung unseres Verbrechers, Watson, ist sein Panamahut, den er in Norfolk sogar während des Winters trägt", erläutert Watson. „Schau dir meine Zeichnung an, auf der ich seine Hüte mehrfach dargestellt habe, wobei einige aufrecht, andere gedreht sind. Einige bilden identische Paare, die wie das Original sind (oben links) oder die gleiche Ausrichtung haben, während andere Drillinge sind, die alle in die gleiche Richtung weisen."

„Wie viele Drillinge kannst du zählen?"

> Die Anzahl der Drillinge mal 6 verrät Ihnen das nächste Ziel auf der Karte.

10
Das Gutshaus

„Meine Augen täuschen mich bestimmt, Watson!", ruft Holmes aus. „Können sich Teile der Architektur eines so ehrwürdigen Gutshauses wie Riding Thorpe wirklich verschieben?"

„Wie viele Quadrate werden im Uhrzeigersinn und wie viele gegen den Uhrzeigersinn gedreht?"

> Suchen Sie auf der Karte angeregt vom Ballett gedrehter Architekturteile tanzende Figuren und gehen dorthin.

11
Städte in Norfolk

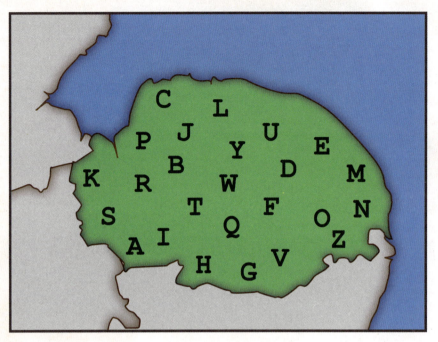

NORWICH
CROMER
HOLT
SHERINGHAM
AYLSHAM
HUNSTANTON
FALKENHAM
WHYMONDHAM
DEREHAM
BLAKENEY
WROXHAM
SWAFFHAM
WATTON

„Wenn wir nicht so tief in den Fall verwickelt wären, könnten wir viele interessante Orte hier in der Grafschaft Norfolk besuchen", denkt Holmes laut nach, „insbesondere die dreizehn Städte, die ich aufgelistet habe."

„Kannst du herausfinden, welcher dieser Orte nicht mit den fünfundzwanzig Buchstaben auf der Karte der Grafschaft buchstabiert werden kann, wobei Buchstaben auch zwei- oder mehrmals verwendet werden können?"

Gehen Sie auf der Karte zu einem benachbarten Gutshaus.

⊷ 12 ⊶
Albtraum aus Ringen

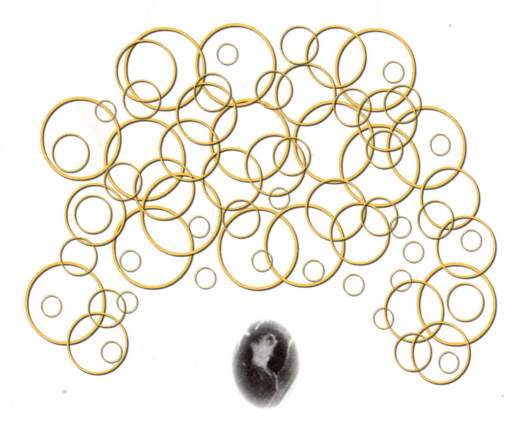

„Aufgrund der Informationen meines Freundes Wilson Hargreave von der New Yorker Polizei bin ich mir sicher, dass Elsie Albträume hat wegen ihrer verhängnisvollen Verlobung mit Abe Slaney, als sie in Amerika aufwuchs. Ich glaube, dass sie sich von Visionen aus Ringen erdrückt fühlt wie dem, den sie besser niemals von Abe angenommen hätte. Mich irritiert daran aber am meisten, dass etwas mit der Anzahl der verschieden großen Ringe nicht stimmt."

„Wie viele Ringgrößen und Ringe jeder Größe kannst du zählen, Watson?"

> Begeben Sie sich auf der Karte
> zu dem Gegenstand, der aus Elsies
> Geburtsort ankam.

13
Geheimmenüs

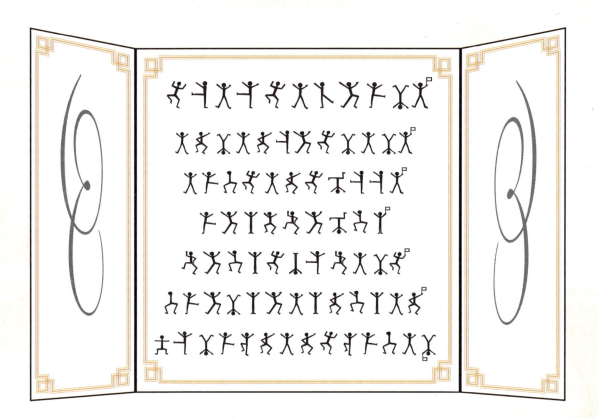

"Denk an meine Worte, Watson. Diese Strichmännchen und die damit verbundenen Ereignisse werden die Gemüter hier so tief beeindrucken, dass es nicht mehr lang dauern wird, bis sogar die Gastwirte ihre Menüs in Geheimschrift verfassen werden", prophezeit Holmes.

"Kannst du deine Kenntnisse dieses Codes hier einsetzen, Watson?"
(Hinweis: hier wird das gleiche Alphabet benutzt wie in Rätsel 3; Fähnchen zeigen Wortenden an.)

> Suchen Sie auf der Karte
> ein Kreuzworträtsel mit den
> Hauptfiguren des Falles und
> gehen Sie dorthin.

14
Geheime Logik

„Versuchen wir uns an einigen logischen Problemen, Watson, um unseren Verstand geschmeidig zu halten. Ein Problem dieses Falles ist, dass unser Klient geschworen hat, die Geheimnisse seiner Frau zu respektieren. Er würde sie weder auf ihr früheres Leben ansprechen noch auf die mysteriösen Vorfälle, die sie seit mehreren Monaten beunruhigt haben. Vielleicht ist er sich nicht bewusst, dass Geheimnisse ihre ganz eigene Logik haben. So wie ich kombinierte, dass du und dein Freund Thurston nicht in die Goldfelder investiert habt, lass uns einige Aussagen hinsichtlich des Falles formulieren. Wir wissen:

(1) Menschen mit blauen Augen, die Hüte tragen, kann man Geheimnisse anvertrauen.
(2) Alle zornigen Golfspieler haben blaue Augen.
(3) Jeder trägt manchmal einen Hut.
(4) Alle Gutsherren spielen Golf.

Da unser Klient ein Gutsherr ist und manchmal zornig wird, was kann seine Frau tun, um sicher zu sein, ihm ein Geheimnis anvertrauen zu können? Kannst du mithilfe der Aussagen oben durch logisches Denken die Frage korrekt beantworten?"

> Suchen Sie auf der Karte nach Watsons Entschlüsselungsübungen.

15
Bahnhof North Walsham

„Wir sollten uns nicht von dieser in einzelne Abschnitte zerlegten Ansicht des Bahnhofs von North Walsham irreführen lassen, Watson! Auch wenn es einfach erscheint, die neun Teile wieder zusammenzusetzen, so ist es ein Ding der Unmöglichkeit, weil keine Logik dahintersteckt."
„Erkennst du, wo das Problem liegt?"

Suchen Sie auf der Karte nach umliegenden Städten.

16
Symbole addieren

„Manchmal bedauere ich Kriminelle, Watson", gesteht Holmes. „Da sie von Natur aus böse und unlogisch sind, haben sie eine interessante und logische Möglichkeit, ihren Code der tanzenden Männchen zu verwenden, außer Acht gelassen. Ich habe hier eine Rechenaufgabe notiert, in der die Zahlen von 0 bis 9 durch Symbole ersetzt sind. Zum Beispiel, das zweite Symbol in der ersten Zeile, das letzte in der zweiten Zeile und das vierte in der dritten Zeile stellen die gleiche Zahl dar."

„Wenn du logisch richtig kombinierst, wirst du herausfinden, dass nur eine einzige Vorgehensweise, die Symbole durch Zahlen zu ersetzen, zum richtigen Ergebnis führt."

> Suchen Sie auf der Karte nach einem ehrwürdigen Instrument im Garten, das Ihnen die Zeit anzeigt.

17
Das Kirchenfenster

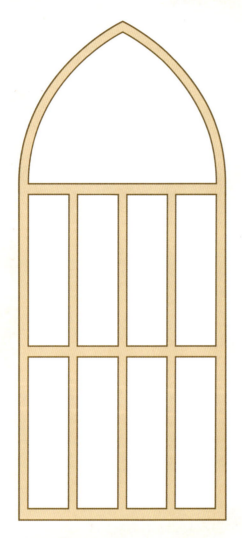

„Die Anordnung der Glasscheiben auf diesem Kirchenfenster legt ein Zahlenproblem nahe, einfach, aber doch anspruchsvoll, Watson. Es gibt 9 Flächen, 8 Rechtecke und ein Bogenfeld."

„Wie kann man die Zahlen von 1 bis 9 in den verschiedenen Flächen so platzieren, dass keine der Zahlen benachbarte Zahlen berührt (z. B., 8 darf nicht 9 oder 7 berühren und 4 nicht 3 oder 5 usw.)?" (Hinweis: Es gibt mehrere Lösungen.)

Suchen Sie auf der Karte eine Speisekarte mit Strichmännchen und gehen Sie dorthin.

18
Neuer Geheimcode

„Im Hinblick auf künftige Fälle schlage ich vor, Watson, dass du diesen Fall erst auf sich beruhen lässt, wenn du tatsächlich einen unbekannten Code geknackt hast. Hier ist das Geständnis des Schurken, das mit den vertrauten tanzenden Männchen verschlüsselt wurde, für die aber anstelle des Schlüssels in Rätsel 3 ein Schlüssel benutzt wurde, der mit dem lateinischen Alphabet korrespondiert."

„Ich möchte dich kurz an die Grundlagen des Dechiffrierens erinnern: es beruht auf der Buchstabenhäufigkeit. E ist der bei weitem häufigste Buchstabe im Deutschen, andere sind A, N, R, S, T und I, wenngleich nicht unbedingt in dieser Reihenfolge."*

* Umlaute wurden in oe, ae, ue und aeu ungewandelt und ß in ss.

> Suchen Sie auf der Karte einen für Detektive wichtigen Hinweis auf Geruch.

19
Hauptfiguren

„Namen haben offensichtlich ihre eigene Logig, Watson. Von den fünf Personen, denen wir in diesem Fall begegnet sind, können sich nur vier auf diesem Gitter harmonisch überschneiden. Wer fällt durchs Raster?"

MARTIN
HARGREAVE
CUBITT
THURSTON
SLANEY

Die Buchstabenzahl des Außenstehenden plus 10 verrät das neue Ziel auf der Karte.

20
Dreiergruppen

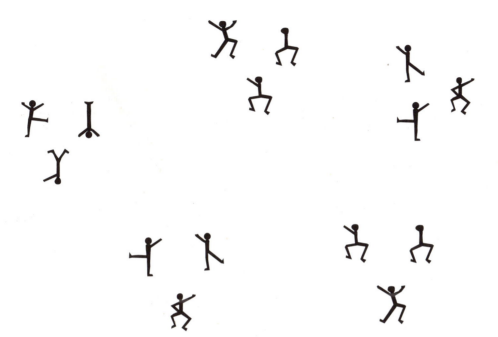

„**L**ogik kann man überall finden, Watson", erinnert ihn Holmes. „Schau dir diese fünf Dreiergruppen von Strichmännchen genau an."

„Welche Dreiergruppe unterscheidet sich logisch von den vier anderen?"

Suchen Sie auf der Karte einen Ort mit den möglichen Fußspuren dieser Tänzer.

21
Ein Brief aus Amerika

„Diese Briefmarke verrät die Herkunft des Briefs, da sie einen amerikanischen Präsidenten statt einer englischen Königin zeigt. Wenn der Absender jedoch einfallsreich wirken wollte, könnte er eine der beiden Marken vor dem Aufkleben gedreht haben."

„Die fünf Anordnungen unten zeigen nicht alle Möglichkeiten. Kannst du die fehlende zeichnen, Watson?"

Suchen Sie auf der Karte eine hinter ihren Buchstaben verborgene Stadt.

22
Tanz auf der Sonnenuhr

„Welch ein Anblick!", ruft Holmes. „Jede mögliche Oberfläche ist benutzt worden, um diese tanzenden Männchen darauf zu schreiben. Siehst du die Botschaft, die auf den Sockel der Sonnenuhr gekritzelt wurde?"

„Deine Kenntnisse des Codes der tanzenden Männchen aus Rätsel 3 werden hier nützlich sein, Watson."

> Diese Botschaft verrät Ihnen, wo das nächste Ziel auf der Karte liegt.

23
Ein Hauch von Tod

„Ein geübtes Auge und eine Lupe reichen nicht immer aus, um einen Fall zu lösen, Watson", doziert Holmes. „Man braucht in diesem Fall eine empfindliche Nase, um den Geruch von Schießpulver zu identifizieren, was entscheidend war, um zu bestimmen, wer zuerst feuerte und der wahre Mörder war."

„Das bringt uns zu unserem chemischen Experiment vom Anfang zurück. Schießpulver besteht hauptsächlich aus Kaliumnitrat, dessen traditionellen Namen du an den Sternspitzen lesen kannst, indem du im Uhrzeigersinn immer die gleiche Anzahl Buchstaben überspringst."

> Finden Sie den Namen der chemischen Komponente heraus; lesen Sie dann den Text auf der nächsten Seite.

Das Lösungswort ist englisch, es unterscheidet sich aber nur durch einen Buchstaben vom deutschen.

Der falsche Buchstabe

„Hast du einen winzigen, aber auffallenden Fehler in diesem Kapitel bemerkt, Watson? Ah, natürlich, du konntest ihn nicht sehen, weil dein Verstand nicht geübt ist, die kleinen Unstimmigkeiten wahrzunehmen, die ich als Detektiv Hinweise nenne. Diese Details, die gewöhnliche Sterbliche üblicherweise nicht beachten, sind die entscheidenden Steinchen, auf denen meine Lösungen der Rätsel beruhen."

Die Abweichung, die Sie in diesem Kapitel entdeckt haben, ist ein Hinweis für das abschließende Silbenrätsel. Notieren Sie den Buchstaben (auch Diphthonge, z. B „ei", „au") unten, um das Rätsel auf Seite 175 lösen zu können, wenn Sie alle sechs Fälle dieses Buches bearbeitet haben.

Hinweis zu Kapitel 2: _____

Kapitel 3
Ein Skandal in Böhmen

In diesem Fall sagt Holmes seinem Klienten auf den Kopf zu, dass er keine Maske zu tragen brauche, da er ihn längstens als König von Böhmen erkannt habe. Es deuten zu viele Hinweise auf seinen Namen, seinen Rang und sein Land hin. Viele Adlige, darunter auch Monarchen, gehören zu den üblichen Klienten in 221B Baker Street, die Holmes mit Respekt behandelt, ohne sich jedoch von ihrem sozialen Stand beeindrucken zu lassen, so als wäre ihre Stellung eher eine Belastung als ein Vorteil im Leben. Er ist stolz darauf, ihnen mit äußerster Diskretion zu helfen, ihre Würde zu bewahren. Watson betont immer wieder, dass viele Berichte über Holmes' Fälle niemals veröffentlicht würden aus Sorge, sie könnten bekannte Staatenlenker und Mitglieder des Hochadels kompromittieren. Seinen viktorianischen Moralvorstellungen gemäß zögert Holmes nicht, hin und wieder Gesetze zu übertreten, um seinen hochrangigen Klienten mögliche Skandale zu ersparen. Es ist daher umso peinlicher für Holmes, dass die Frau, die er erfolglos zu bestehlen versucht, ihn auch noch verhöhnt, was ihn auf immer an sie als einen der brillantesten Köpfe erinnern wird, die er je getroffen hat.

Den Erläuterungen der Einleitung gemäß sollten Sie die Karte wie einen Reiseführer stets bei sich tragen. Sie ist unerlässlich, um Sie durch die fremden Orte und Plätze sowie Ereignisse dieses Kapitels zu leiten.

Beginnen Sie mit dem ersten Rätsel, lösen Sie es und folgen Sie dem Hinweis im Kasten, um auf der Karte die Nummer des nächsten Rätsels zu suchen, mit der Sie sich dann zum entsprechenden Rätsel im Kapitel begeben.

Wiederholen Sie diese Vorgehensweise bei jedem Rätsel, indem Sie zwischen den Rätseln und der Karte hin- und herpendeln, bis Sie den letzten Hinweis im Kasten erreicht haben.

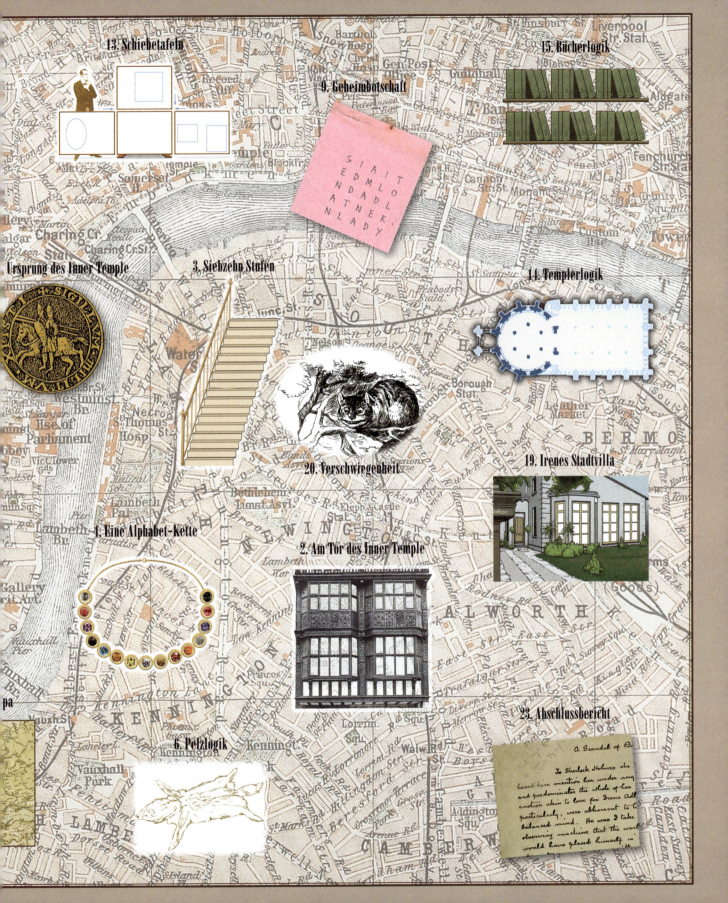

1
Holmes' Meerschaumpfeife

„Es tut mir wirklich leid, Holmes! Ich nehme an, dass du Zigarren rauchst, weil deine beste Pfeife, die aus Tasmanien importierte Kalebassenpfeife mit Meerschaumeinsatz, zu Bruch gegangen ist."

„Es war lediglich ein Ding, Watson. Ich möchte mich aber dennoch an diesen wichtigen Gegenstand in meinem Leben erinnern, daher habe ich die zerbrochenen Teile so skizziert, wie sie auf dem Boden lagen."

„Du willst dich über mich lustig machen, Holmes. Das ist doch niemals eine genaue Skizze der zerstreuten Pfeifenteile."

„Ausgezeichnet, Watson. Dank meiner Gesellschaft machst du beeindruckende Fortschritte. Welches Teil ist nicht korrekt dargestellt?"

Suchen Sie auf der Karte nach Holmes' Rauchringen.

2
Am Tor des Inner Temple

„Schau mal, Watson!", ruft Holmes aus. „Unser Mr. Godfrey Norton, Rechtsanwalt im Inner Temple, musste sein Büro in aller Eile verlassen und schnell eine Geheimbotschaft an den Fensterscheiben für seine Mandanten verfassen. Sie enthält aber genügend Hinweise, um seine Privatangelegenheit einfach entziffern zu können."

Gehen Sie auf der Karte zur Summe der Buchstaben des oben vorkommenden Vor- und Nachnamens.

3
Siebzehn Stufen

„Die meisten Menschen vergeuden wertvolle Zeit während sie eine Treppe hochsteigen und verpassen eine gute Gelegenheit, ihr Gehirn zu trainieren. Sie zählen stattdessen mechanisch die Stufen. Immer wenn ich die siebzehn Stufen zu meinen Zimmern hinaufgehe, stelle ich mir eine logische Zahlenreihe vor, so, wie sie auf den Stufen abgebildet ist."

„Kannst du herausfinden, welches logische Prinzip sich dahinter verbirgt? Erkennst du, welche Zahl falsch ist? Beachte dabei, dass mehr als ein Muster existieren kann."

„Abschließend noch ein Hinweis: die falsche Zahl müsste eine Quadratzahl sein."

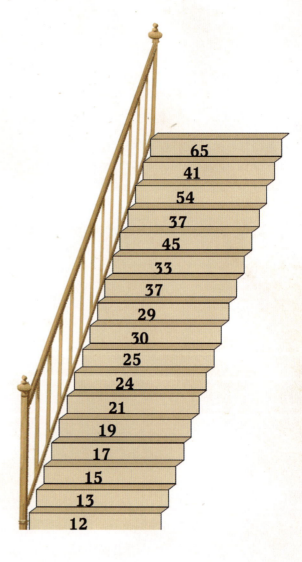

Begeben Sie sich auf der Karte zu einem Rätselquadrat aus Buchstaben.

4
Eine Alphabet-Kette

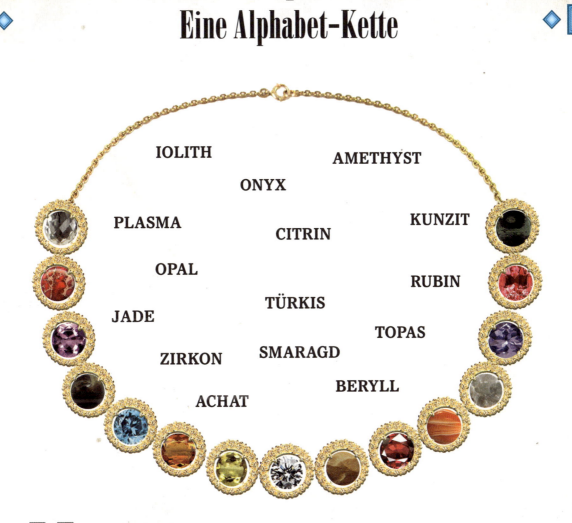

„Hier ist ein lustiges Spiel, Watson, um dein Gehirn zu trainieren", wendet sich Holmes an seinen Partner. „Stell dir vor, dass du diese fünfzehn Edelsteine von AMETHYST bis ZIRKON auf eine Halskette ziehen sollst. Um die Qualität des Schmuckstücks zu erhöhen, darf keiner der Steine Buchstaben mit einem vorhergehenden oder nachfolgenden gemeinsam haben."

Suchen Sie auf der Karte eine andere natürliche Art von Kleidungsbesatz.

5
Vernetztes Europa

„Obwohl dieser Fall in London spielt, kommen auch Schauplätze außerhalb Englands Hauptstadt vor. Sie lassen sich durch sechs vertikale und horizontale Linien wie unten im Ritter einfach miteinander verbinden."

„Ich bin mir sicher, Watson, dass du nur fünf Gerade benötigst, um alle Punkte in einem Zug so zu verknüpfen, dass dein Endpunkt gleichzeitig dein Ausgangspunkt ist."

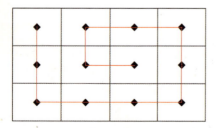

Begeben Sie sich auf der Karte zu Watsons Manuskript.

6
Pelzlogik

ASTRACHAN WOLF KARAKUL

CHINCHILLA KOJOTE HERMELIN

OTTER SEEHUND

NERZ FUCHS

WIESEL OPPOSSUM

BIBER ZOBEL BISAM

STINKTIER MERINO

„Schau dir diese Menge von Pelzarten einmal genauer an, Watson. Sie enthält eine interessante, logische Untermenge von sechs Pelzarten, darunter die folgenden: FUCHS, WOLF, NERZ, BISAM und ZOBEL."

„Kannst du herausfinden, welche Logik diese Untermenge definiert und daraus das fehlende sechste Element ableiten?"

> Die Stelle des Anfangsbuchstabens
> im Alphabet der sechsten Pelzart
> führt zum nächsten Ziel auf
> der Karte.

7
Wie ein Uhrwerk

„Mein Gehirn ist eine perfekte Denkmaschine, Watson. Ich habe es trainiert, damit es genauso präzise wie ein Uhrwerk funktioniert."
„Kannst du in dem Getriebe oben herausfinden, welche Wirkung das große Zahnrad oben links auf das kleine unten rechts hat? Wenn das große Zahnrad eine ganze Drehung ausgeführt hat, wie viele Umdrehungen hat dann das letzte Zahnrad gemacht?"

Gehen Sie auf der Karte zu einem anderen logischen Problem mit Spielkarten.

8
Eine Brougham-Fabrik

„Hast du die Brougham-Kutsche unseres Klienten gesehen und die zwei edlen Pferde, die sie gezogen haben? Welch perfektes Gefährt – elegant und effizient. Kannst du dir eine bessere und konsequentere Art vorstellen, Watson, um in einer modernen Stadt vorwärtszukommen?"

„Wie viele vollständige Brougham-Kutschen lassen sich aus den abgebildeten Teilen fertigen?"

> Gehen Sie auf der Karte zur Zahl vollständiger Brougham-Kutschen.

9
Geheimbotschaft

„Hast du die geheime Botschaft bemerkt, Watson, die in einer Ecke auf der Rückseite dieses rosafarbigen Blatts aus Papier gekritzelt und dann schlecht gelöscht wurde? Ich frage mich, ob es der erste Entwurf einer diskreten Nachricht war, die der König von Böhmen später abgeschickt hat."

„Kannst du die Nachricht lesen, indem du an einer Ecke beginnst und benachbarten Buchstaben folgst?"

> Die Buchstabenzahl des längsten Worts der Nachricht verrät das nächste Ziel auf der Karte.

10
Ursprung des Inner Temple

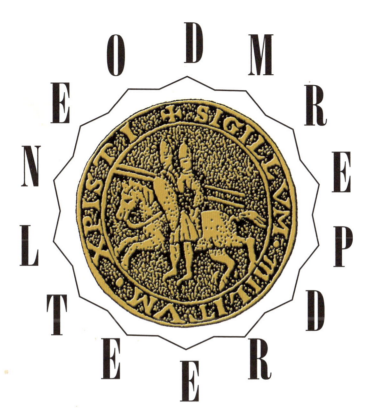

„Wusstest du, Watson, dass der Inner Temple wesentlich ehrwürdiger ist, als es den Anschein hat? Der Gebäudekomplex wurde vor mehr als acht Jahrhunderten errichtet. Die Namensgeber waren schwerlich Rechtsanwälte, die heute die Gebäude benutzen."

„Kannst du entziffern, nach welcher Organisation der Ort benannt wurde, indem du mit einem Buchstaben beginnst und dann immer die gleiche Anzahl an Buchstaben im Uhrzeigersinn um das Siegel herum überspringst?"

> Gehen Sie auf der
> Karte zum Grundriss
> der Templerkirche.

11
Gefühlstraining

„Wenn du wie ich dein Gehirn trainierst, Watson, damit es präzise und logisch arbeitet, dann musst du zunächst deine Gefühle zu beherrschen lernen. Ich halte mich an die nützliche Aufzählung unten, die mein antiker Kollege Aristoteles zusammengestellt hat, obwohl er sich selten mit Verbrechen beschäftigt hat. Dieses Buchstabengitter ist eine gute Möglichkeit, deine Kenntnisse über Gefühle zu überprüfen, wobei jeder Eintrag mit Ausnahme von einem zwei Mal vorkommt, entweder waagrecht oder senkrecht oder rückwärts."

```
N G N U H C S A R R E B E U T
E N E I D I E L T I M I K E I
M U I M I T L E I D P L E K E
P T D F R E U D E B E I L X K
O H U E B E R R A S C H U N G
E C E R S T O L Z R F E D T I
R A M A H C S Z O R U D E H R
U R S T O L Z O R N R U B C U
N E M P O E R U N G C E E R A
G V S C H A M A S C H R I U R
T R A U R I G K E I T F L F T
```

FURCHT
ZORN
TRAURIGKEIT
FREUDE
EKEL
MITLEID
VERACHTUNG
UEBERRASCHUNG
NEID
LIEBE
SCHAM
STOLZ
EMPOERUNG

> Die Zeile mit der fehlenden Emotion in der Aufzählung verrät Ihnen das nächste Ziel auf der Karte.

12
Verstecktes Zitat

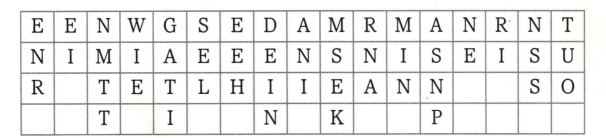

E	N					N					T

„Das Schlüsselthema dieses Falles ist Verschwiegenheit", Watson. „Diskretion hat immense Bedeutung für die Privatsphäre und sollte nicht auf die leichte Schulter genommen werden."

„Lass uns dennoch eine Ausnahme machen und ein wenig damit herumspielen. Stelle einen humorvollen Kommentar zur Definition von Geheimnis in den leeren Kästchen unten dar, indem du die Buchstaben aus den Kästchen oben der Reihe nach in die richtigen Kästchen unten einträgst."

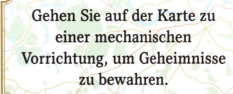

Gehen Sie auf der Karte zu einer mechanischen Vorrichtung, um Geheimnisse zu bewahren.

13
Schiebetafeln

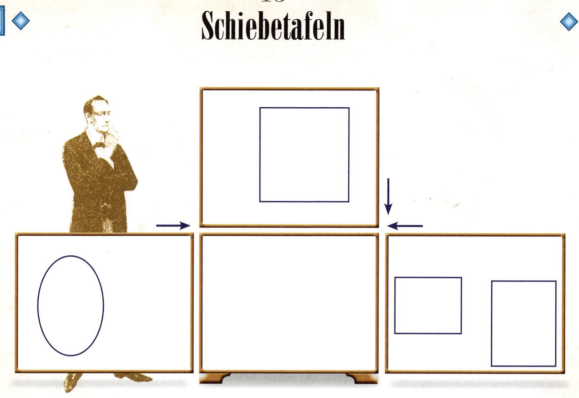

„Irene Adler hat den skandalösen Brief in einer Aussparung eines aufwändigen Möbels versteckt, in dem maximal vier unterschiedliche Bilder aufbewahrt werden können. In drei Schiebetafeln können verschiedenformatige Fotografien präsentiert werden."

„Lässt man die Bilder selbst außer Acht und berücksichtigt nur die leeren Rahmen, kannst du die einzelnen Flächen bestimmen, Watson, die innerhalb des Hauptrahmens entstehen, wenn die drei Tafeln ineinandergeschoben werden?"

Die Flächenanzahl multipliziert mit 2 verrät das nächste Ziel auf der Karte.

14
Templerlogik

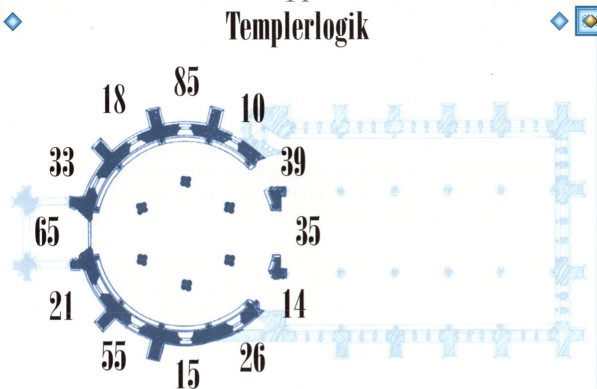

„Der älteste Teil des Inner Temple ist natürlich die Templerkirche, die die Templer ähnlich der Grabeskirche in Jerusalem als Rundschiff konstruierten."

„Ich kann mir dieses Schiff gut als einen ‚Tempel der Logik' vorstellen. Die Zahlen, die an den zwölf Öffnungen platziert sind, folgen offensichtlich einem logischen Muster. Alle bis auf eine Zahl erfüllen dieses Schema. Welches logische Prinzip kannst du erkennen, Watson?"

> Begeben Sie sich auf der Karte zur Zahl, die nicht passt.

15
Bücherlogik

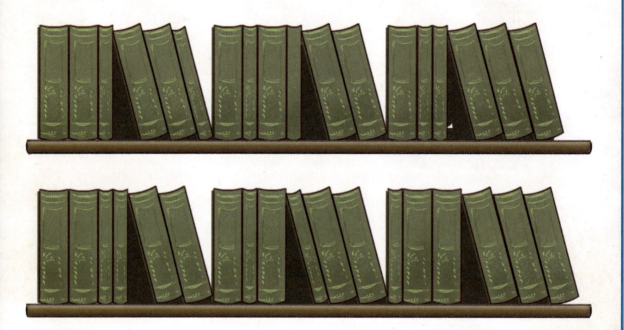

„Bedauere, Watson, aber ich frage mich, was du heute wohl über mich denkst. Von einem logischen Standpunkt aus betrachtet sind meine Bücherregale unsortiert, oder hast du das Problem etwa nicht bemerkt?"

> Suchen Sie auf der Karte nach einem Treppenproblem.

16
Chubbschloss

„Ein Chubbschloss sichert die Tür von Irene Adlers Villa. Ich bewundere den handwerklichen und logischen Verstand seines Erfinders Jeremiah Chubb. Das Schloss warnt den Besitzer vor dem erfolglosen Versuch eines Diebes es zu öffnen und das schon seit über dreißig Jahren."

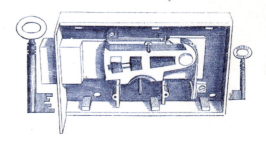

„Die Hauptteile eines Chubbschlosses sind: NUSS, ZUHALTUNG, FEDER, STULP, DORN, WECHSEL, SPERRE, SCHRAUBE, FALLE, RIEGEL, BOLZEN, BART, HEBEL und ZYLINDER, die alle unten in das Kreuzworträtsel passen. Ich muss schnell einen Weg finden, um in das Gebäude zu kommen, bevor ihr Verlobter aus seinem Büro im Inner Temple zurückkehrt."

> Begeben Sie sich auf der Karte zum ersten hier von Holmes erwähnten Ort.

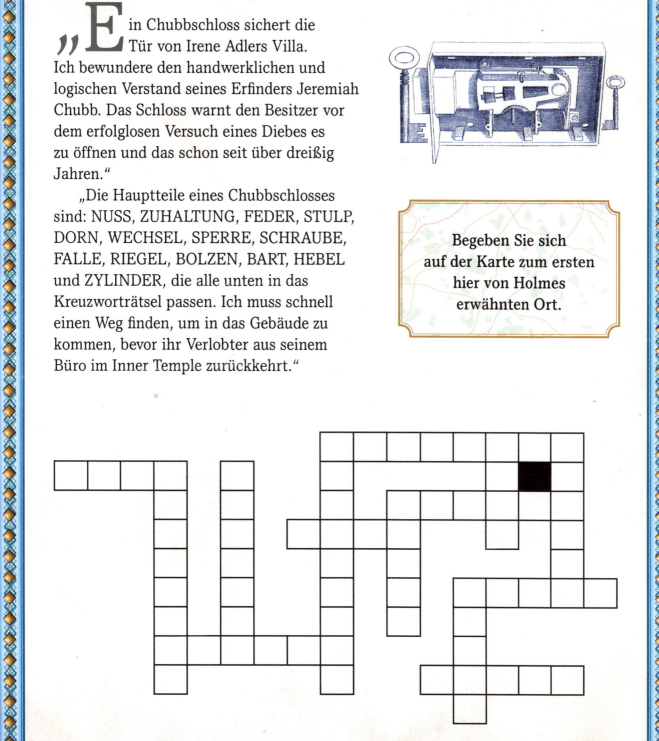

17
Eine Beobachtung

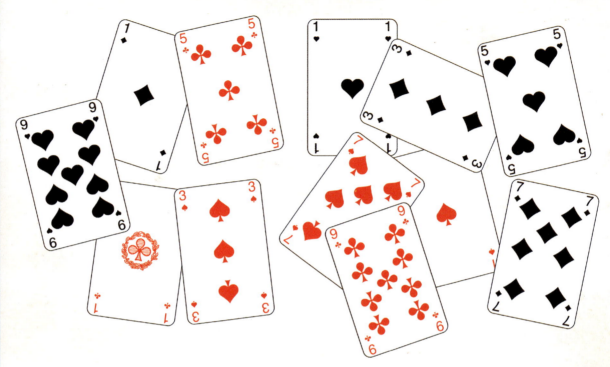

„Logik ist machtlos ohne eine gründliche und zuverlässige Betrachtung der Fakten. Man sollte seine Schlussfolgerungen auf eine umfassende Beobachtung der Wirklichkeit stützen."

„Wie lange brauchst du, Watson, um diese Spielkarten zu betrachten und mir mitzuteilen, was mit ihnen nicht stimmt?"

Gehen Sie auf der Karte
zum nächsten Logikrätsel,
das ein Schachbrett und
Orangensamen benutzt.

18
„Gute Nacht, Mister Sherlock Holmes"

„Nimm dies nicht in deinen Bericht über den Fall auf, Watson, aber ich muss gestehen, dass mich die Aufmerksamkeit dieser Frau berührt hat. Als sie an mir vorüberging und überraschend ‚Gute Nacht, Mister Sherlock Holmes' sagte, ließ sie zwei Glaswürfel mit ihrem eingravierten Namen in meine Tasche gleiten."

„Die Wörter lassen sich lesen, folgt man den benachbarten Flächen. Allerdings war sie derart in Eile, dass sie nicht die Fehler in der Gravur bemerkte, was einen liebenswerten und aufschlussreichen Hinweis hinsichtlich ihrer Gefühle für mich zum Ausdruck bringt."

Begeben Sie sich auf der Karte nach Europa.

19
Irenes Stadtvilla

„Auch wenn wir nicht in der Villa sind, Watson, um genau zu hören, was Godfrey Norton Irene Adler sagt, so können wir doch einige ihrer Worte an den Fenstern erkennen."

„Kannst du zumindest ein Wort erraten, das einen Ort nennt?"

> Gehen Sie auf der Karte zum Tor des in der Nachricht genannten Orts.

20
Verschwiegenheit

„Wenn es um Geheimnisse geht, denke ich an meinen geschätzten, logischen und humorvollen Kollegen Lewis Carroll. Ich frage mich, ob er hätte befürchten müssen, dass seine Cheshire-Katze ein Geheimnis verraten könnte. Um das herauszufinden, benutze ich logisches Denken und die Aussagen unten, allerdings in geänderter Abfolge."

KEIN LEBEWESEN, DAS NICHT MITFÜHLEND IST, LÄCHELT JEMALS.

NUR LOSE ZUNGEN BRECHEN VERTRAUEN.

CHESHIRE-KATZEN LÄCHELN VON NATUR AUS.

MITGEFÜHL ERZEUGT RESPEKT.

ALLE GEHEIMNISSE SIND VERTRAULICH.

RESPEKT SCHLIESST LEICHTFERTIGES REDEN AUS.

Begeben Sie sich auf der Karte zum Zitat über dieses Thema.

21
Schachlogik

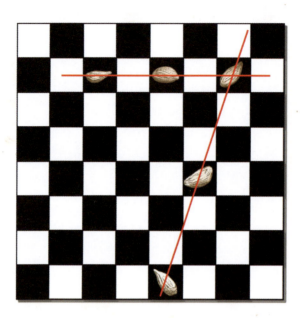

„Nun, Watson, Fakten sind wichtig, aber ohne Logik kann man sie weder ordnen noch daraus Hypothesen entwickeln. Angenommen diese fünf Orangensamen sind Grundannahmen, die ich mittels Beobachtungen aufgestellt und auf einem Schachbrett, das einen Fall darstellen soll, platziert habe. Nehmen wir weiter an, dass du zur Formulierung einer Hypothese drei Samen hintereinander ausrichten musst. So wie ich die fünf Samen aufgereiht habe, ergeben sich nur zwei Möglichkeiten, also auch nur zwei Hypothesen."

„Jetzt ist Kreativität gefragt. Es gibt Methoden, um die fünf Samen auf dem Schachbrett so zu arrangieren, dass daraus mehr Gruppierungen von drei Samen resultieren und somit auch mehr Hypothesen entstehen. Wie viele Gruppen aus drei Samen kannst du mit einer Anordnung der fünf Samen erzielen?"

> Um Ihr logisches Denken zu trainieren,
> suchen Sie auf der Karte nach Bücherregalen.

22
Rauchringe

„Du verblüffst mich, Holmes", ruft Watson aus. „Selbst wenn du rauchst, denkst du über logische Probleme nach. Obwohl Rauchringe an sich vergänglich sind und für die Vergeblichkeit eines von Gefühlen beherrschten Verstandes stehen, könnte es dennoch sein, dass sie hier einem bestimmten Muster folgen?"

„Ich frage mich, ob die vier Ringe ungehindert fortschweben können. Sind die vier Rauchringe unabhängig voneinander?"

Suchen Sie auf der Karte nach einer Darstellung von Gefühlen.

23
Abschlussbericht

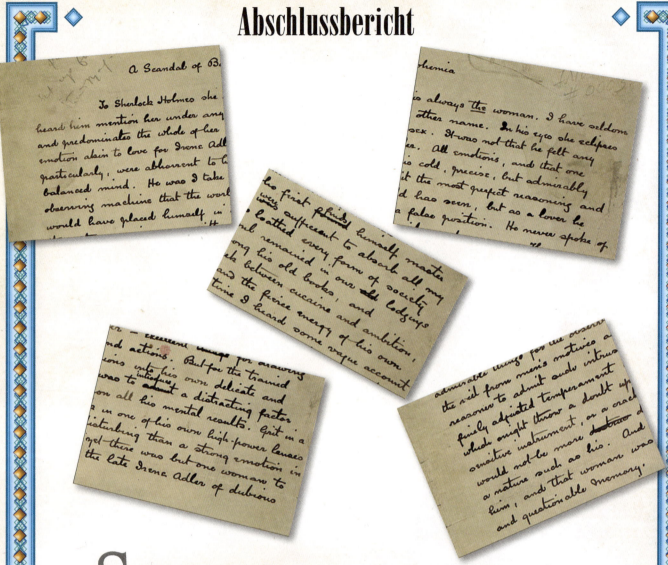

„Schreibst du schon deinen Bericht über den Fall, Watson, solange deine Erinnerung noch frisch ist?", fragt Holmes. „Würde der Titel ‚Ein Skandal *in* Böhmen' nicht besser klingen als ‚Ein Skandal *aus* Böhmen'? Ich habe übrigens nichts einzuwenden, wenn du erwähnst, wie stark mich Irene Adler beeindruckte, da ich ihren brillanten Verstand niemals vergessen werde."

„Allerdings passt ein Teil deines Manuskripts nicht mit den anderen vier zusammen. Welcher ist es?"

Aus dem Originalmanuskript von Sir Arthur Conan Doyle.
Photo courtesy of The Arthur Conan Encyclopedia
(www.arthur-conan-doyle.com)

Gehen Sie zu Seite 91.

Der falsche Buchstabe

„Hast du einen winzigen, aber auffallenden Fehler in diesem Kapitel bemerkt, Watson? Ah, natürlich, du konntest ihn nicht sehen, weil dein Verstand nicht geübt ist, die kleinen Unstimmigkeiten wahrzunehmen, die ich als Detektiv Hinweise nenne. Diese Details, die gewöhnliche Sterbliche üblicherweise nicht beachten, sind die entscheidenden Steinchen, auf denen meine Lösungen der Rätsel beruhen."

Die Abweichung, die Sie in diesem Kapitel entdeckt haben, ist ein Hinweis für das abschließende Silbenrätsel. Notieren Sie den Buchstaben (auch Diphthonge, z. B „ei", „au") unten, um das Rätsel auf Seite 175 lösen zu können, wenn Sie alle sechs Fälle dieses Buches bearbeitet haben.

Hinweis zu Kapitel 3: _____

KAPITEL 4
Der Hund der Baskervilles

Auf der Spur eines monströsen Hundes stößt Sherlock Holmes auf alte Legenden von übernatürlichen Schrecken, denen er seine unverkennbare Ruhe und unerschütterliche Logik entgegensetzt, doch die düstere Umgebung verschlimmert die gefährliche Situation. Baskerville Hall liegt inmitten der kargen und manchmal heimtückischen Moore, wo sich entflohene Sträflinge, grauenvolle Bestien und kaltherzige, hinterhältige Verbrecher herumtreiben und seltene Insekten sowie Denkmäler aus grauer Vorzeit vorkommen.

Schreiten Sie vorsichtig durch die Rätsel, die vom Roman *Der Hund der Baskervilles* angeregt wurden, so, als ob Sie einem schmalen Pfad durch einen Sumpf folgen. Vertrauen Sie Ihrer Logik so wie Holmes seinem ausgeprägten Geruchssinn, um die Schurken zur Strecke zu bringen.

Den Erläuterungen der Einleitung gemäß sollten Sie die Karte wie einen Reiseführer stets bei sich tragen. Sie ist unerlässlich, um Sie durch die fremden Orte und Plätze sowie Ereignisse dieses Kapitels zu leiten.

Beginnen Sie mit dem ersten Rätsel, lösen Sie es und folgen Sie dem Hinweis im Kasten, um auf der Karte die Nummer des nächsten Rätsels zu suchen, mit der Sie sich dann zum entsprechenden Rätsel im Kapitel begeben.

Wiederholen Sie diese Vorgehensweise bei jedem Rätsel, indem Sie zwischen den Rätseln und der Karte hin- und herpendeln, bis Sie den letzten Hinweis im Kasten erreicht haben.

1
Logisch bleiben

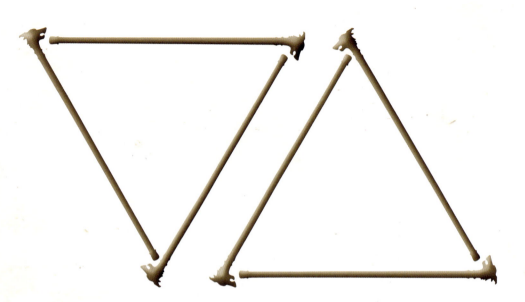

„Watson, ich möchte deinen Scharfsinn testen mithilfe der Spazierstöcke, die unser neuer Klient gestern vergessen hat", führt Holmes aus. „In detektivischer Arbeit muss sich unser Verstand oft von gewohntem Denken lösen und in das Reich analytischen Denkens tief eintauchen, das Normalsterblichen nicht zugänglich ist."

„Angenommen du hast sechs solcher Spazierstöcke. Wie würdest du sie anordnen, um daraus vier gleiche Dreiecke zu schaffen?"

> Suchen Sie auf der Karte einen Schädel.

2
Die Eibenallee

„Eibenholz war wegen seiner Elastizität Englands wichtigstes Rohmaterial für Pfeile und Bogen, ehe Gewehre und Kanonen aufkamen", erläutert Holmes. „Später wurde diese Eigenschaft des Holzes für friedlichere Zwecke zum Bau von Musikinstrumenten benutzt, die ich momentan überall um uns herum wahrnehme, während wir die berühmte Eibenallee von Baskerville Hall hinuntergehen."

„Ein Wort bezeichnet kein Instrument und deutet unseren nächsten Schritt an."

> Suchen Sie auf der Karte das Wort, das kein Musikinstrument ist.

—97—

3
Kerzen-Code

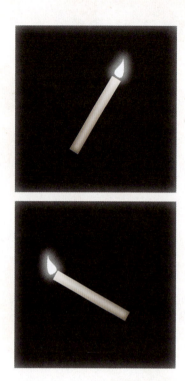

„Es tut mir leid, Watson, aber du wirst deinen Bericht über diesen Fall umschreiben müssen, da uns der Diener, Mr. Barrymore, getäuscht hat. Ich glaube ihm kein Wort, dass er bloß überprüfen wollte, ob die Fenster verriegelt waren. Er benutzte die Kerze, um irgendeine Art von Botschaft zu übermitteln. Er verwendete sogar zwei Kerzen, da eine Flamme allein zu schwach ist, um irgendetwas aus der Entfernung zu erhellen."

„Barrymore sandte ein Signal an seinen Schwager, den Sträfling, der sich im Moor versteckte. Kannst du sein System entschlüsseln?" (Hinweis: Wie Holmes gern sagt: „Alles eine Frage der Zeit.")

> Begeben Sie sich auf der Karte zu einem moderneren Gerät, um Nachrichten zu verfassen.

4
Hansom #2704

„Die Zahl 2704, die dieses Hansom Cab kennzeichnet, ist bemerkenswert und lässt sich gut merken, Watson. Man kann sie einfach ausrechnen, indem man die neun Ziffern unten durch ein oder mehrere arithmetische Symbole verbindet."

„Wie viele mathematische Symbole brauchst du dafür, wobei Klammern nicht mitgezählt werden?"

$$3 \quad 9 \quad 2 \quad 5 \quad 4 \quad 7 \quad 1 \quad 8 \quad 6 = 2704$$

> Gehen Sie auf der Karte
> zu gerahmten Meisterwerken
> der Kunst.

5
Das Zauntor

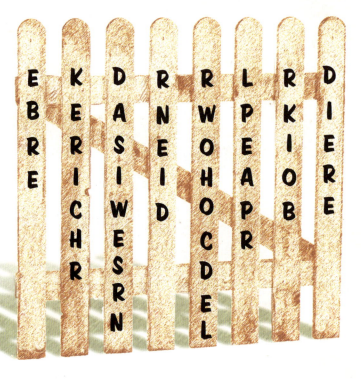

„Irgendjemand hat die Namen von heimischen Bäumen auf die Latten des Zauntors gemalt, in jedem Baumnamen aber einen falschen Buchstaben benutzt."

„Kannst du dennoch alle Namen entziffern, Watson?"

> Suchen Sie auf der Karte
> den Baum auf der ersten
> Zaunlatte.

6
Unkraut jäten

„Watson, hier gibt es eine ganz besondere Naturästhetik zu bewundern. Im Weiler von Grimpen lassen die Hausbesitzer Unkräuter auf ihren Strohdächern wachsen, wodurch auf ihren Häusern der Eindruck von naturbelassenem Wildwuchs entsteht."

„Das Unkraut muss jedoch gejätet werden, da sich unerwünschte Buchstaben in die Namen der Unkräuter eingeschlichen haben. Kannst du mit diesen Buchstaben ein Wort bilden?"

> Das Wort aus den unerwünschten Buchstaben verrät Ihnen das nächste Ziel auf der Karte.

7
Die Logik des Grauens

DAS UNERTRÄGLICHE VERURSACHT PANIK.

GRAUEN IST UNERTRÄGLICH.

KEIN GEFÜHL DER FURCHT OHNE EIN GESPÜR FÜR BEDROHUNGEN.

BEDROHUNGEN EXISTIEREN NUR DURCH EIN BEWUSSTSEIN FÜR FOLGEN.

MAN BRAUCHT EINBILDUNGSKRAFT, UM SICH DER FOLGEN BEWUSST ZU SEIN.

KEINE PANIK OHNE FURCHT.

FURCHT ENTSTEHT NUR DURCH DAS BEWUSSTSEIN FÜR GEFAHR.

„Grauen ist ein wesentliches Element dieses Falles. Der Schurke setzte es als Waffe ein, um Sir Charles Baskerville zu töten. Abgesehen davon, hätte ein solcher Plan bei einem Opfer ohne Einbildungskraft funktioniert?"

„Hätte Sir Charles die grauenvolle Begegnung am Zauntor ohne diese Eigenschaft überlebt? Benutze die Aussagen oben und Logik, Watson, um die Frage zu beantworten."

> Suchen Sie auf der Karte das Herrenhaus, wo unsere Gruselgeschichte begann.

8
Fahrplan-Code

VON LONDON PADDINGTON STATION
6 : 16
7 : 06
8 : 15
9 : 18
10 : 20
11 : 05
12 : 26
13 : 21
14 : 08
15 : 01
16 : 12
17 : 20
18 : 05
19 : 14

„Wie kann man sich jemals in einem Bahnhof langweilen, Watson? Du kannst dein Gehirn trainieren und zum Zeitvertreib die Fahrpläne analysieren, während wir auf Inspector Lestrades Ankunft vom Londoner Bahnhof Paddington warten. Erkennst du, wie der Bahnhof eine verschlüsselte Warnung durch die Ankunftsminuten auf dem Fahrplan aussendet? Kannst du sie entschlüsseln?"

Gehen Sie auf der Karte zum verschlüsselten Ort in der Nachricht.

9
Zahlenweg

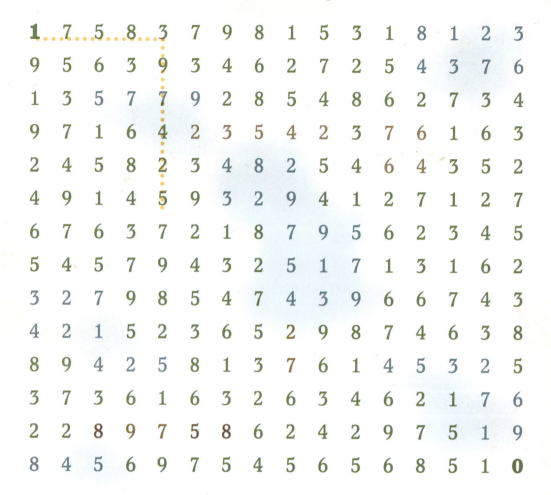

„Watson, erstelle einen gefährlichen Weg durch dieses Rätsel, indem du bei 1 oben in der linken Ecke beginnst und bei 0 in der unteren rechten Ecke endest. Zeichne einen Pfad aus Zahlenstrecken, wobei du dich nur waagrecht und senkrecht bewegen darfst und jede Zahl jedes Streckenabschnitts unterschiedlich sein muss. Wenn du eine Zahl bereits benutzt hast, wende dich nach rechts oder links und suche einen anderen Streckenverlauf."

Suchen Sie auf der Karte Strohdächer eines Weilers.

10
Schädel-Labyrinth

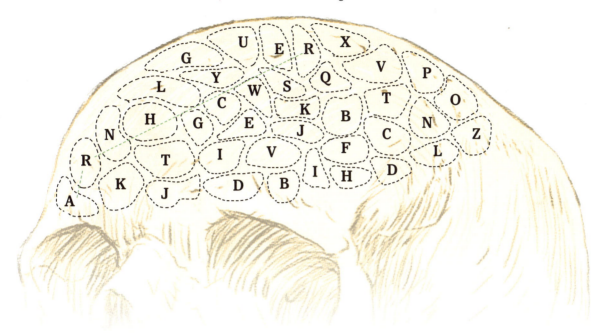

„Ich gestehe, Mr. Holmes, ich begehre Ihren Schädel!", bekennt Dr. Mortimer. „Die Analyse von Schädeln bedeutender Männer ist eine Leidenschaft von mir, der ich mich völlig verschrieben habe."

„Vielen Dank. Ich fühle mich geschmeichelt", antwortet Holmes. „ Ich kenne Franz Joseph Galles Werk über Phrenologie. Er suchte nach Hinweisen über die Hirnfunktionen und benutzte dafür die Erhebungen am Schädel. In meinem Metier ist nichts kostbarer als die Beobachtung von Erhebungen auf einer ansonsten ebenen Oberfläche, um einen Lösungshinweis zu finden."

„Watson, es gibt einen logischen Weg, um sich durch diesen Schädel von Punkt A zu Z zu bewegen. Verwende dazu abwechselnd benachbarte und gleiche Buchstaben."

> Zählen Sie die Erhebungen auf dem Pfad und gehen Sie zu dieser Zahl auf der Karte.

11
Fox Tor

"In eine der berühmten Felsformationen von Dartmoor, den Fox Tor genannten Hügel, sind ausreichend Buchstaben von TOR eingeritzt, um das Wort auf vielfache Weise sowohl waagrecht als auch senkrecht durch benachbarte Buchstaben bilden zu können."

> Die Anzahl der Möglichkeiten „TOR" zu bilden, verrät Ihnen das nächste Ziel auf der Karte.

12
Schreckensgesichter

„Wie du weißt, Watson, sind Gesichtsausdrücke eng mit den Gefühlen einer Person verknüpft. Auch wenn viele Menschen von klein auf lernen, jedes erkennbare Zeichen von Gefühl zu unterdrücken, so ist Grauen doch ein solch überwältigendes, unkontrollierbares Gefühl, dass es jedes Training auslöscht und das Gesicht einer Person verzerrt."

„Hier ist Sir Henry Baskervilles Gesicht beim Anblick der grauenvollen Bestie auf verschiedene Weise entstellt."

> Die Anzahl der verschiedenen Gesichtsausdrücke plus 4 führt Sie zum nächsten Ziel auf der Karte.

13
Papierschnipsel

„Ein Papierkorb kann eine Fundgrube für Hinweise sein, Watson. Hier sind die ersten Schnipsel, die Mrs. Stapleton herausgeschnitten hat, bevor sie die auf Kanzleipapier geklebte Nachricht an Sir Henry abschickte. Sie verfasste einen Satz, der sich nur in einem Wort von dem Satz unterschied, den sie schließlich mit der Post versandte. Dieser finale Satz lautet: ‚Ist Ihnen Ihr Leben oder Ihr Verstand lieb, bleiben Sie dem Moor fern.'"

„Welches entscheidende Nomen wurde verändert?"

> Die Buchstabenanzahl des in der gesandten Nachricht nicht enthaltenen Nomens plus 9 führt auf der Karte zum nächsten Ziel.

14
Handwerkskunst

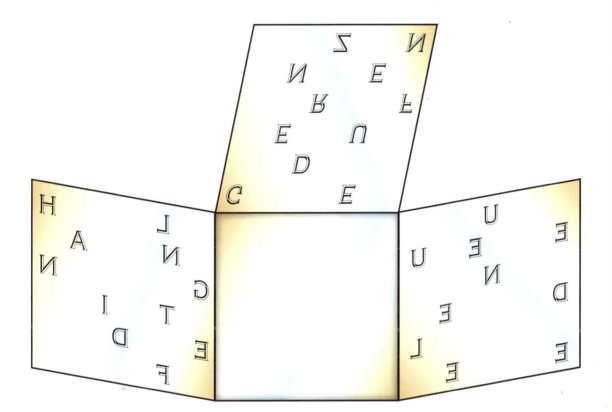

„Als die heroische Bestie Sir Henrys Vorfahren Sir Hugo Baskerville tötete, wurde sie so berühmt, dass ihre Beschreibung in ein Schmuckstück eingraviert wurde. Klappe die drei Glasquadrate über das mittlere, Watton, um den Text zu entziffern."

Die Anzahl der Wörter plus 2 verrät Ihnen das nächste Ziel auf der Karte.

15
Insekten im Moor

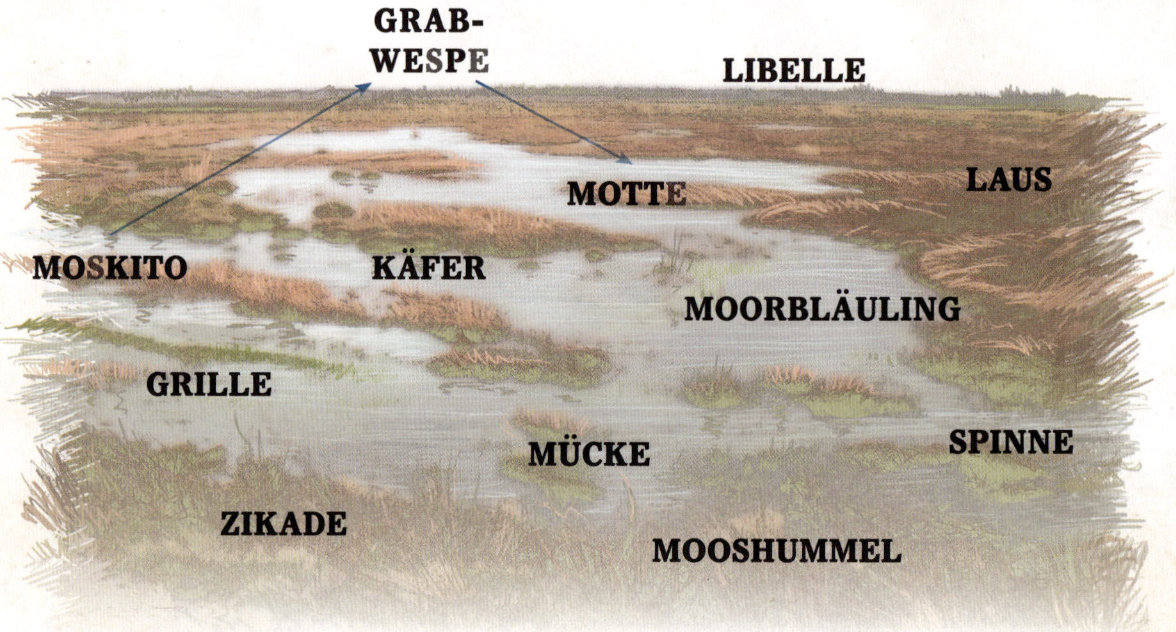

GRAB-WESPE
LIBELLE
MOTTE
LAUS
MOSKITO
KÄFER
MOORBLÄULING
GRILLE
MÜCKE
SPINNE
ZIKADE
MOOSHUMMEL

„Mister Jack Stapletons Wahl, die Entomologie als Hobby zu betreiben, ist eine ausgezeichnete Idee, da die Insekten im Moor gedeihen", äußert Holmes nachdenklich. „Das dient ihm als Vorwand, das Gebiet überall und jederzeit zu durchstreifen."

„Wie können wir diese zwölf Insekten so anordnen, dass jeder Name genau einen Buchstaben mit dem folgenden gemeinsam hat?"

> Begeben Sie sich auf der Karte zu einem felsigen Hügel im Moor.

16
Ein glühender Hund

„Dieses Gefäß ist ein wesentlicher Teil unseres Falles", erläutert Holmes. „Das chemische Element wird unter Wasser aufbewahrt, weil es leicht entflammbar ist, wenn es der Luft oder Sauerstoff ausgesetzt wird. Mr. Stapleton hat etwas davon auf seinen riesigen Hund gestrichen und ihn so in ein übernatürliches Monster verwandelt."

„Deine Chemiekenntnisse hätten dich eigentlich auf die richtige Fährte führen müssen, Watson. Die Kreatur, die uns angriff, roch wie Knoblauch, einem untrüglichen Merkmal dieses chemischen Elements, wenn es brennt. Wie lautet sein lateinischer Name?"

> Begeben Sie sich auf der Karte zu einer Parfümwerbung.

17
Stiefelknoten

„Sieh dir Sir Henrys Stiefel an, Watson. Nach dem gestrigen Verlust eines Stiefels hat der Hoteldiener, der sich um die Stiefel im Hotel Northumberland kümmert, dafür gesorgt, dass das nicht noch einmal vorkommen kann, indem er die Schnürsenkel fest miteinander verknotete."

> Zählen Sie die Knoten, wenn Sie die Senkel aufziehen, und gehen auf der Karte dorthin.

18
Zellenschloss

„Interessant", murmelt Holmes. „Die alten Schlösser der Gefängniszellen wurden durch diese neue Technik ersetzt, die Schlüssel überflüssig macht. Jede Zellentür besitzt ein raffiniertes System aus Stiften und Rädern, durch welches das Öffnen des Schlosses reguliert wird. Drückt man die Tasten in der richtigen Reihenfolge, erklärt das, wie ein gewiefter Sträfling entkommen konnte. Er war scharfsinnig genug, um das Kennwort herauszufinden und einzugeben."

„Welche 16 Buchstaben müssen in einem Zug hintereinander auf der Tastatur gedrückt werden, damit sich das Schloss mittels des aus drei Wörtern bestehenden Passwortes öffnet?"

> Suchen Sie auf der Karte ein herkömmliches Sprachrätsel und gehen dorthin.

19
Rahmenkunst

„Obwohl ich gern mit dir durch diese Kunstgalerie gegangen bin und die Werke belgischer Meister bewundert habe", äußert sich Holmes, „vergiss die Kunst, Watson, und beachte stattdessen die Bilderrahmen, die ein interessantes geometrisches Problem aufwerfen."

„Angenommen die Rahmen würden ineinandergeschoben und wären transparent, sodass wir nur ihre Begrenzungen sehen könnten. Wie viele nicht überlappende Flächen würden die Rahmen umgrenzen?"

> Gehen Sie auf der Karte zum Bahnhof und warten dort auf Inspector Lestrade.

20
Pfortenlogik

„Kunstschmiede schmieden für gewöhnlich keine Zahlen in eine schmiedeeiserne Pforte, aber die von Baskerville Hall ist mit ihnen verziert."

„Kannst du den absichtlichen logischen Fehler des Handwerkers in der Anordnung der Zahlen herausfinden?", fragt Holmes. „Es scheint, als habe er einen so brillanten Kopf wie mich erwartet, der den Fehler bemerkt."

> Addieren Sie die Ziffern der falschen Zahl und gehen auf der Karte dorthin.

21
Tastenhinweise

„Wie geschickt Mrs. Stapleton war!", ruft Holmes bewundernd aus. „Obwohl sie ihrem Ehemann Jack gehorchte und die Nachricht tippte, die Sir Charles Baskerville in den Tod trieb, schaffte sie es, Spuren der getippten Wörter auf den Schreibmaschinentasten zu hinterlassen."

„Die Nachricht kann gelesen werden, wenn man den Buchstaben auf benachbarten Tasten folgt, und zwar waagrecht und diagonal."

> Suchen Sie auf der Karte einen Hund mit glühendem Fell.

22
Baskerville Hall

„Mit seinen zwei Türmen wirkt Baskerville Hall äußerst beeindruckend, aber das furchtbare Vermächtnis des schändlichen Verbrechens aus dem 17. Jahrhundert ist auf seinem Mauerwerk eingeschrieben."

„Einige Rechtecke auf der Fassade nennen die Ursache des Verbrechens, doch ein paar sind kürzlich herausgefallen. Kannst du das verhängnisvolle Schlüsselwort dennoch herausfinden, wenn du dir die Teile wieder an ihrem Platz in der Fassade vorstellst?", fragt Holmes Watson.

> Suchen Sie auf der Karte das Zauntor, wo Sir Henry Baskerville auf die Bestie traf.

23
Hauch eines Hinweises

AGAR
BASILIKUM
BERGAMOTTE
KARDAMOM
ZEDER
ELEMI
GALBANUM
JASMIN
LAVENDEL
MYRRHE
VEILCHEN
PATCHOULI
KIEFER
ROSE
SANDELHOLZ
VETIVER

„Einmal mehr hat mich mein bestens ausgebildeter Geruchssinn alarmiert, Watson, dass die Nachricht auf dem Kanzleipapier von einer Frau verfasst wurde", erläutert Holmes. „Bevor wir nach Devon abreisten, war ich darauf vorbereitet, einer Frau zu begegnen, die eine aktive Rolle in unserem Fall spielen und einen speziellen Parfümgeruch verströmen würde. Welcher Duft ist oben dreimal enthalten und wird von Mrs. Stapleton benutzt?"

Gehen Sie auf die nächste Seite.

Der falsche Buchstabe

„Hast du einen winzigen, aber auffallenden Fehler in diesem Kapitel bemerkt, Watson? Ah, natürlich, du konntest ihn nicht sehen, weil dein Verstand nicht geübt ist, die kleinen Unstimmigkeiten wahrzunehmen, die ich als Detektiv Hinweise nenne. Diese Details, die gewöhnliche Sterbliche üblicherweise nicht beachten, sind die entscheidenden Steinchen, auf denen meine Lösungen der Rätsel beruhen."

Die Abweichung, die Sie in diesem Kapitel entdeckt haben, ist ein Hinweis für das abschließende Silbenrätsel. Notieren Sie den Buchstaben (auch Diphthonge, z. B „ei", „au") unten, um das Rätsel auf Seite 175 lösen zu können, wenn Sie alle sechs Fälle dieses Buches bearbeitet haben.

Hinweis zu Kapitel 4: _____

KAPITEL 5
Die Liga der Rothaarigen

Obwohl dieses Abenteuer Holmes' Logik aufs äußerste fordert, wundert man sich anfänglich, weshalb der Meisterdetektiv überhaupt zu Rate gezogen wird. Es liegt kein Verbrechen vor, allerhöchstens eine offenkundige Abweichung von der Normalität der wohlgeordneten viktorianischen Welt. Mr. Jabez Wilson, der Klient, ist ein weitgereister rothaariger Bursche, der bis nach China gekommen ist, was er gern durch seinen Schmuck und seine Tätowierungen zu erkennen gibt. Mittlerweile besitzt er ein Geschäft in London, ist aber zutiefst beunruhigt durch die Ungereimtheiten seiner aktuellen Situation. Man hatte ihm eine Stelle angeboten, für die ihn eine Organisation einige Zeit gut bezahlte, bis sie sich plötzlich spurlos auflöste.

Anstatt aber seinen guten Verdienst zu akzeptieren, zumal die Organisation ihm nichts schuldig blieb, sucht der rothaarige Klient Holmes auf, den dieser Fall sofort fasziniert. Er stimmt seinem Klienten zu, dass eine solch absurde Situation nicht ungeklärt bleiben dürfe.

Den Erläuterungen der Einleitung gemäß sollten Sie die Karte wie einen Reiseführer stets bei sich tragen. Sie ist unerlässlich, um Sie durch die fremden Orte und Plätze sowie Ereignisse dieses Kapitels zu leiten.

Beginnen Sie mit dem ersten Rätsel, lösen Sie es und folgen Sie dem Hinweis im Kasten, um auf der Karte die Nummer des nächsten Rätsels zu suchen, mit der Sie sich dann zum entsprechenden Rätsel im Kapitel begeben. Wiederholen Sie diese Vorgehensweise bei jedem Rätsel, indem Sie zwischen den Rätseln und der Karte hin- und herpendeln, bis Sie den letzten Hinweis im Kasten erreicht haben.

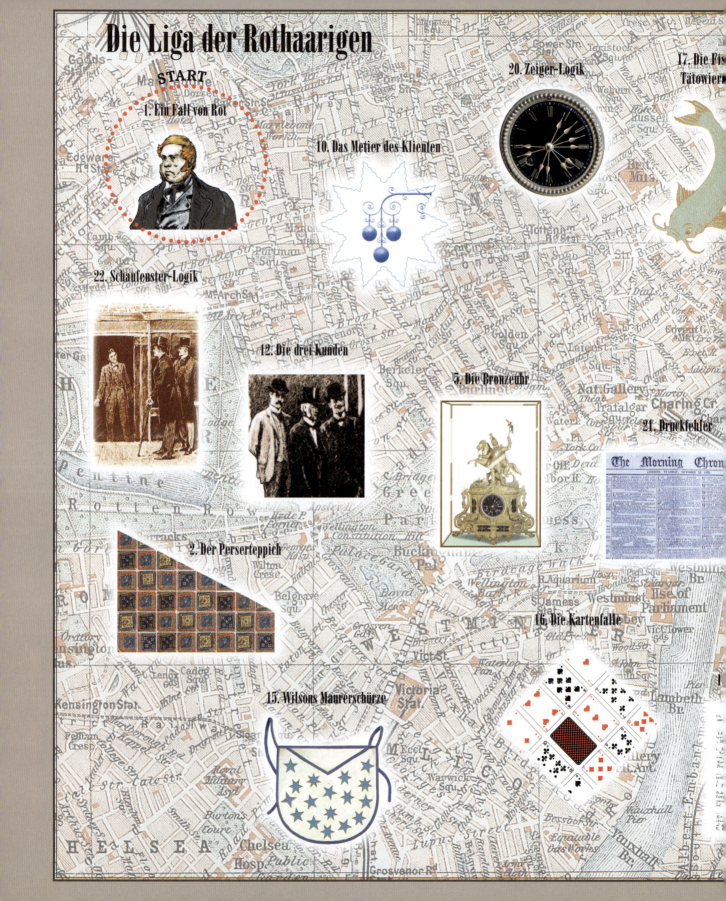

1
Ein Fall von Rot

„Der Schopf unseres Klienten ist bemerkenswert, Watson. Sein rotes Haar ist mit mehr als nur einer feurigen Farbe durchsetzt. Er ist ein echter Fall von Rot."

„Auf Anhieb fallen mir mindestens elf verschiedene Schattierungen ein, aber eine in der Aufzählung rechts wird oben nicht aufgeführt. Welcher Rotton fehlt?"

PURPUR
KIRSCHE
ROSE
LACHS
RUBIN
WEIN
TOMATE
BLUT
ERDBEER
GRANAT
KORALLE

Die Zeile des nicht genannten Rottons auf der Liste führt Sie zum nächsten Ziel auf der Karte.

2
Der Perserteppich

„Ich sehe im Schaufenster das Reststück eines wundervollen alten Perserteppichs, Watson, dessen wahren Wert der Geschäftsinhaber angesichts des niedrigen Preises wohl nicht kennt. Lass uns ins Geschäft gehen und den Teppich erwerben."

„Wir sind an diesem preiswerten Teppichrest interessiert, Mr. Wilson. Würden Sie ihn an John Watson und mich verkaufen, allerdings so, dass wir beide genau die Hälfte der Fläche bekommen? Wir bestehen darauf, dass das Stück natürlich mit einer geraden Linie durchtrennt wird, um das Muster so wenig wie möglich zu verändern."

„Es tut mir leid, Mr. Holmes, aber ich befürchte, dass ich dazu nicht in der Lage bin."

„Ich denke schon, mein Herr. Der Schnitt, den wir benötigen, lässt sich einfach ausführen."

> Nach der korrekten Halbierung
> der Fläche verrät Ihnen die Anzahl
> unbeschädigter Quadrate einer Hälfte,
> wohin Sie auf der Karte gehen müssen.

3
Karten-Code

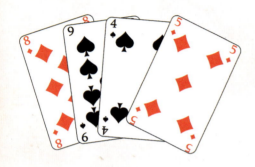  

„Ich habe ein Kartendeck mitgebracht, aber wie ich sehe, finden auch die Verbrecher Geschmack an Spielkarten", äußert sich Holmes. „Sie ließen die Karten mitten in einem Spiel auf einer Kiste liegen. Wenn ich allerdings nochmals darüber nachdenke, dann haben sie diese Karten hier absichtlich so platziert. Offensichtlich dienen sie als Nachricht in englischer Sprache für weitere Komplizen."

„Kannst du die Nachricht entschlüsseln, Watson?"

> Begeben Sie sich auf der Karte zur Buchstabenzahl der Nachricht.

4
Kameras

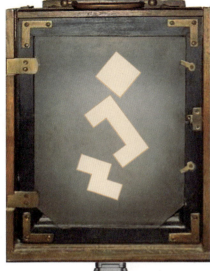
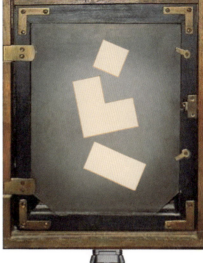

„Unser Dieb hat zur Vorbereitung seines Verbrechens Bilder des Kellers unter dem Geschäft mit zwei Kameras gemacht, die mit zwei verschiedenen Linsen ausgestattet sind. Die rechte Kamera verdoppelt die Größe der Aufnahmen", erläutert Holmes. „Mithilfe einer quadratischen Pappe, aus der fünf Teile ausgeschnitten wurden, haben wir das Ganze ausprobiert. Wir haben allerdings ein sechstes hinzugefügt, das nicht dazupasst. Welches Teil gehört nicht zum Quadrat?"

> Die Zahl der Grundquadrate aus den passenden Teilen plus 3 führt zum nächsten Ziel auf der Karte.

5
Die Bronzeuhr

„Da wir vermuten, dass der Schurke mit dieser Bronzeuhr hantierte, ist die Glashaube von größter Bedeutung. Die Fingerabdrücke unseres Diebes sind ziemlich sicher darauf enthalten. Einige Finger hinterließen Abdrücke; lass uns herausfinden, wie viele verschiedene Finger tatsächlich das Glas berührten", schlägt Holmes vor.

Suchen Sie auf der Karte die Nahaufnahme des Zifferblatts.

6
Kriminelle Delikte

```
B E T R U G D E L I K T G A U N E R
D I E B S T A H L F A E L S C H E R
E I N B R U C H V E R B R E C H E R
K R I M I N E L L E R M O E R D E R
W U C H E R G A N O V E S C H U F T
B R A N D S T I F T U N G U N T A T

R E D R E O M L H A T S B E I D E B
S T F U H C S H C U R B N I E A R B
G U R T E B E R E H C S L E A F A G
D E V O N A G R E H C E R B R E V A
T A T N U G R E H C U W T K I L E D
R E L L E N I M I R K I R E N U A G
```

„Ich muss unseren Dieben etwas Anerkennung zollen, Watson. Unsere verborgenen Widersacher sind bemerkenswert erfinderisch. Eine Verbrecherkarriere bietet fast mehr Gelegenheiten als eine ehrliche. Ein kurzer Blick ins Lexikon fördert vierzehn Begriffe für Verbrecher und ihre Delikte zutage."

„Welches Wort kommt nur im oberen Gitter vor?"

Die Buchstabenzahl des Worts verrät Ihnen, wohin Sie auf der Karte gehen müssen.

7
Der Steinboden

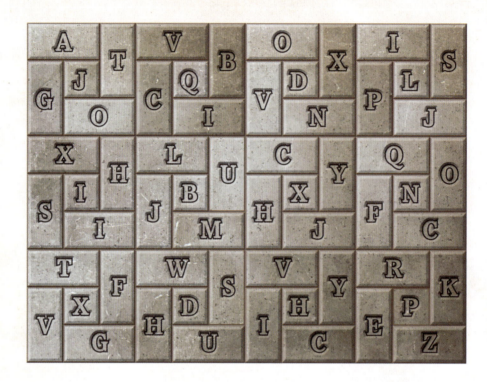

„Während wir hier auf die Schurken warten, Watson, bis sie eine Steinfliese von unten hoch gedrückt haben und in diesem Keller erscheinen, schadet es nicht, unser Gehirn zu trainieren. Angenommen auf jeder Steinfliese befindet sich ein Buchstabe, wie kommt man durch dieses bizarre Labyrinth von oben links A nach unten rechts Z?"

„Verbinde A mit Z, indem du abwechselnd auf einen Buchstaben einer benachbarten Steinfliese mit einer angrenzenden Seite springst und dann zu einer nächsten Fliese mit dem gleichen Buchstaben."

Begeben Sie sich auf der Karte zum Bahnhof.

8
Rothaarige Logik

NIEMAND, DER POESIE LIEBT, HASST MUSIK.

ROTHAARIGE SIND GEISTLOS, WENN SIE UNERBITTLICH SIND.

MAN KANN NICHT WIRKLICH KREATIV SEIN OHNE TAGTRÄUMEREI.

KREATIVITÄT IST TYPISCH FÜR GENIES.

TAGTRÄUMER LIEBEN POESIE.

GEISTLOSE MENSCHEN HASSEN MUSIK, WENN SIE LANGHAARIG SIND.

„Watson, wenn du diesen sechs Annahmen oben zustimmst und logisch vorgehst, glaubst du, dass ein unerbittlicher Rotschopf ein Genie sein kann, wenn er langhaarig ist?"

Begeben Sie sich auf der Karte zu einer Darstellung, um einem Genie eine Falle zu stellen.

9
Kellerschlüssel

„Der Keller ist der Ort, wo das Verbrechen voraussichtlich stattfinden wird. Haben Sie versucht, ihn abzuschließen, bevor Sie zur Arbeit gingen?", fragt Holmes den Ladenbesitzer.

„Nein, das habe ich nicht. Drei Leute müssen Zugang zum Keller haben: mein Verkäufer, der Hausbesitzer und der Hausmeister", antwortet er.

„Sie irren sich, mein Herr. Es gibt eine Möglichkeit, drei Schlösser einzubauen und die Schlüssel an die betroffenen Personen so zu verteilen, dass keiner von ihnen alle Schlösser allein öffnen, aber dennoch Zugang haben kann, wenn ein weiterer der drei Betroffenen anwesend ist."

Holmes wendet sich an Watson: „Wie können sie das mit den Schlössern zur Kellertür handhaben und wie viele Schlüssel sind dazu nötig?"

Multiplizieren Sie die Anzahl der Schlüssel mit 3 und gehen auf der Karte dorthin.

10
Das Metier des Klienten

„Ich frage mich, wie unser Klient Mr. Wilson ein solch ereignisloses Gewerbe wählen konnte, nachdem er bis nach Asien gereist ist", denkt Holmes laut nach.

Überspringen Sie um den Stern herum immer die gleiche Anzahl Buchstaben gegen den Uhrzeigersinn, um das Gewerbe von Holmes' Klienten zu entziffern.

Suchen Sie auf der Karte das Ladengeschäft von Holmes' Klienten.

11
Von Idiot bis Depp

NARR   PIEFKE
DUMMI   BLÖDEL
DOLM   NULPE
IDIOT
CHAOT   HOLZKOPF
HIRNI
DUSSEL   PENNER
NIETE
KNILCH
NULL
DEPP   TOR
TÖLPEL

„Ich bin froh, dass Inspector Jones uns heute Nacht helfen wird", vertraut Holmes Watson an. „Obwohl er in seinem Beruf ein absoluter Dummkopf ist, so besitzt er doch eine entschiedene Tugend: Er ist mutig wie eine Bulldogge und hält fest wie ein Hummer."

„Die oben genannten achtzehn Synonyme von IDIOT bis DEPP können so angeordnet werden, dass zwei benachbarte Wörter keine Buchstaben gemeinsam haben. DEPP kann zum Beispiel mit NARR oder KNILCH verknüpft werden. Wie lassen sich die Wörter in die richtige Reihenfolge bringen?"

> Die Buchstabenzahl des längsten Synonyms minus 1 führt Sie auf der Karte zum nächsten Ziel.

12
Die drei Kunden

„Das Geschäft unseres Klienten ist der richtige Ort, um die Logik eines solchen Gewerbes zu überprüfen, Watson. Lass uns also diese drei Freunde befragen, die mit soeben gekauften Geschenken herausgekommen sind. ‚Was können Sie über Ihre Käufe sagen, meine Herren?'"

„Hätte ich Silber gekauft, hätte ich am wenigsten ausgegeben", antwortet Alex.

„Der Rubin war das teuerste", erwidert Caleb.

„Ich habe mehr als Caleb ausgegeben und mehr als derjenige, der Gold erwarb", äußert Bert.

„Danke, meine Herren, das genügt, um zu wissen, wer was gekauft hat."

Zählen Sie die Buchstaben des
Vornamens des Goldkäufers, addieren
1 und gehen auf der Karte dorthin.

13
Straßenraster

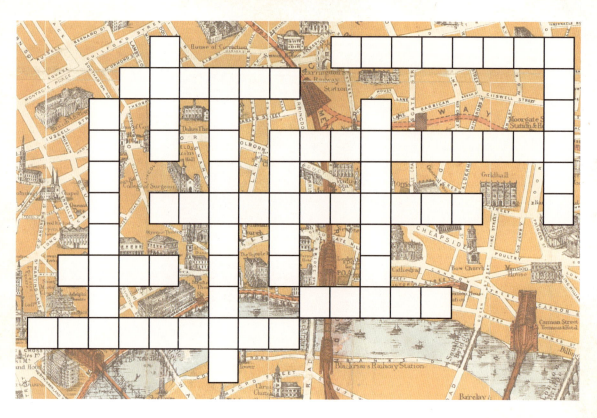

„Unsere Großstadt besitzt eine komplizierte Anordnung von Straßen, die ein versierter Detektiv beherrschen muss, um Verbrecher erfolgreich überlisten zu können."

„Ich schlage daher vor, Watson, dass du das Kreuzworträtsel mit dreizehn der Straßen ausfüllst, die wir während unseres Spaziergangs zum Saxe-Coburg Square gesehen haben."

Zählen Sie die Buchstaben des Straßennamens, der BAKER bei K kreuzt, und gehen auf der Karte dorthin.

BAKER
THAYER
MONDEVILLE
MARGARET
WELLS
NEWMAN
THEOBALDS
CLERKENWELL
BLOOMSBURY
BOND
SYCAMORE
GOSWELL
VERE

14
Halskette mit Münzen

„Unser Klient liebt China über alles, Watson. Er trägt nicht nur eine chinesische Münze an seiner Uhrkette, sondern besitzt auch noch eine Halskette mit chinesischen Münzen. Allerdings habe ich etwas gegen die Anordnung der Münzen auf der Kette einzuwenden, die bis auf ein wesentliches Detail logisch perfekt sein könnte."

„Erkennst du, welche Münze falsch aufgereiht wurde und die logische Abfolge der Münzen verdirbt?"

> Die Position der falsch platzierten Münze von oben links gezählt verrät Ihnen, wohin Sie auf der Karte gehen müssen.

15
Wilsons Maurerschürze

„Als Freimaurer besitzt unser Klient seine eigene symbolische Schürze, die er zu den Treffen der Bruderschaft trägt."
„Wenn man die Symbole auf der Schürze untersucht, dann glaube ich, dass sie sein Geburtsjahr abbilden. Was deutet daraus hin, Watson?"

Die letzte Ziffer des Geburtsjahres des Klienten verrät Ihnen das nächste Ziel auf der Karte.

16
Die Kartenfalle

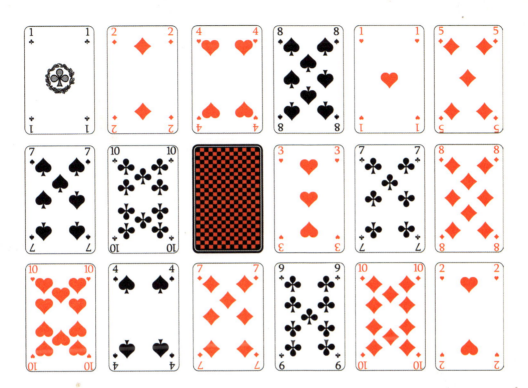

„Ich nehme an, Watson, dass unser Widersacher zu den vier brillantesten Köpfen in London zählt, was uns eine ausgezeichnete Gelegenheit gibt, ihn durch eine niveauvolle Kartenfalle mithilfe meiner Spielkarten abzulenken. Er wird sicher versuchen, die Herausforderung zu meistern, und unvorsichtigerweise nicht widerstehen können, die verdeckte Karte umzudrehen, um seine Wahl zu überprüfen. Er wird dadurch ungewollt seine Fingerabdrücke hinterlassen, die wir gut zu verwenden wissen."

„Welche Karte ist verdeckt?"

> Der Wert der verdeckten Spielkarte plus 3 führt Sie auf der Karte zum nächsten Ziel.

17
Die Fisch-Tätowierung

„Hast du die chinesische Karpfen-Tätowierung unseres Klienten bemerkt, Watson? Die Fischschuppen erinnern an ein Zifferngitter, in dem jede Schuppe durch Zahlen dargestellt wird. Wie bei einer Skale sind die Zahlen im Gitter ausgewogen. Jede Zahl ist mit einer anderen Zahl in einer weiteren Skale verbunden, und zwar mit ihrer Ergänzungszahl zur 10, zum Beispiel 1 und 9 oder 4 und 6."

„Nur eine Zahl besitzt keine Ergänzungszahl. Welche ist es?"

> Verdoppeln Sie den Wert der Zahl ohne Ergänzungszahl und gehen auf der Karte dorthin.

⇥ 18 ⇤
Nachricht in einer Nachricht

An DIE LIGA DER ROTHAARIGEN. Mit Bezug auf das Legat des kürzlich verschiedenen EzekiaH Hopkins aus LIbanon, Pennsylvania (Ver. Staaten), ist wiEdeR eine Stelle zu vergeben, die ein Mitglied der Liga wöchentlich gegen eine rein nominelle Leistung berechtigt zUr EinnahMe von vier Pfund. Alle an Leib und Seele gesunden Rothaarigen, die das einundZwanzigste Jahr übErschritten Haben, könneN sich bewerben. Persönliche Anmeldung am Montag um elf Uhr bei Duncan Ross oben in den Räumen der Liga, 7 Pope's Court, Fleet Street.

„Wie faszinierend, Watson! Schau dir diese Anzeige im *Morning Chronicle* an. Der Verfasser hat es geschafft, eine Nachricht in einer Nachricht zu veröffentlichen, die hunderttausende Leser lesen sollten, aber nur eine Person sollte sie vollkommen richtig verstehen. Auf Anhieb würde man denken, dass der Setzer Klein- mit Großbuchstaben verwechselte, aber dieser Fehler kommt so häufig vor, dass wir annehmen müssen, er tat es absichtlich. Welche Nachricht könnte hier verborgen sein?"

> Begeben Sie sich auf der Karte zur Zeitung.

19
Goldmünzen

„Die Verbrecher haben einige Münzen nicht nur zerkleinert, um sie einfacher verstecken zu können, sondern auch, um sie einzuschmelzen und besser verkaufen zu können."

„Wie viele komplette Goldmünzen liegen auf dem Tisch, Watson?"

Gehen Sie auf der Karte zur Zahl der ursprünglichen Münzen.

20
Zeiger-Logik

„Watson, diese Uhr stellt eine Herausforderung dar und muss die Arbeit dieses äußerst gewieften Verbrechers sein, den wir jagen. Auch wenn es so aussieht, als ob er wahllos ein Bündel von Minutenzeigern auf einem Zifferblatt befestigte, bin ich mir sicher, dass er es bewusst tat. Die Art, wie sie auf die Minuten zeigen, zeugt von einer logischen Methode, wenn wir die Minuten als eine Folge betrachten."

„Wenn wir einen weiteren Minutenzeiger auf dem Zifferblatt anbringen und der gleichen Logik folgen würden, wohin würde der Zeiger weisen?"

> Der Minutenwert des neuen Zeigers geteilt durch 6 führt Sie zum nächsten Ziel auf der Karte.

21
Druckfehler

An DIE LIGA DER ROTHAARIGEN. MiT Bezug Auf daS Legat des kürZlich verscHiedenen Ezekiah Hopkins aus LibaNon, PeNnsyLvania (Ver. Staaten), ist Wieder eiNe Stelle zu vErgeben, die ein Mitglied der LigA wöchentlich gegen eine rein Nominelle Leistung berEchtigt zur EinnAhme von vIer PfUnd. ALlE an Leib Und SeelE gesunden RoThaarigen, die das Einundzwanzigste Jahr üBerschritten haben, können sich bewErben. Persönliche AnmeldunG am Montag Um elf Uhr bei Duncan RosS oben in den Räumen dEr Liga, 7 Pope's CouRt, Fleet Street.

„Dieser Trick mit der versteckten Nachricht ist noch viel raffinierter als du denkst, Watson. Ich habe mir die Abendausgabe des *Morning Chronicle* kommen lassen und wurde belohnt. ‚Die Rothaarigen-Anzeige' ist wieder abgedruckt, aber diesmal mit anderen Druckfehlern. Wie schon zuvor sind einige Buchstaben ohne ersichtlichen Grund großgeschrieben, aber wenn man sie wie heute morgen liest, ergibt sich keine Nachricht. Der Schlüssel ist zweifellos ein anderer, auch wenn er ähnlich zu sein scheint, aber wie lautet er? Kannst du die neue Nachricht entschlüsseln?"

Addieren Sie 10 zur Anzahl der Wörter in der Nachricht und gehen auf der Karte dorthin.

22
Schaufenster-Logik

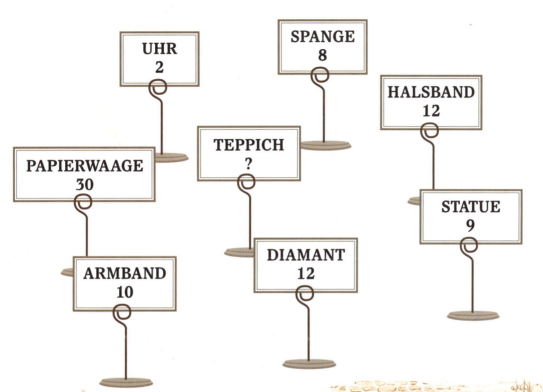

„Wie es im Gewerbe unseres Klienten üblich ist, Watson, sind im Schaufenster seines Ladens die unterschiedlichsten Gegenstände ausgestellt. Es gibt allerdings ein eindeutiges Preisfestlegungssystem, was es einfach macht, den fehlenden Preis des Teppichs zu ermitteln."

Gehen Sie auf der Karte zum fehlenden Preis dividiert durch 5.

23
Bahnhof Aldersgate Street

„Die Menschen rund um den Bahnhof Aldersgate Street müssen sehr beeindruckt gewesen sein von der Gerissenheit des Verbrechers, dessen Tätigkeit an den Bahnhofsfenstern zu lesen ist, allerdings in verschlüsselter Form. Kannst du die Systematik erkennen, Watson, und seine Aktivität entziffern?"

Gehen Sie auf die nächste Seite.

Der falsche Buchstabe

„Hast du einen winzigen, aber auffallenden Fehler in diesem Kapitel bemerkt, Watson? Ah, natürlich, du konntest ihn nicht sehen, weil dein Verstand nicht geübt ist, die kleinen Unstimmigkeiten wahrzunehmen, die ich als Detektiv Hinweise nenne. Diese Details, die gewöhnliche Sterbliche üblicherweise nicht beachten, sind die entscheidenden Steinchen, auf denen meine Lösungen der Rätsel beruhen."

Die Abweichung, die Sie in diesem Kapitel entdeckt haben, ist ein Hinweis für das abschließende Silbenrätsel. Notieren Sie den Buchstaben (auch Diphthonge, z. B „ei", „au") unten, um das Rätsel auf Seite 175 lösen zu können, wenn Sie alle sechs Fälle dieses Buches bearbeitet haben.

Hinweis zu Kapitel 5: _____

KAPITEL 6
Der Marinevertrag

Dieses Abenteuer beginnt in Londons Außenministerium, einer der wichtigsten Kommandozentralen während der Viktorianischen Ära. Die ganze Erzählung hindurch sind wir daher umso verblüffter, dass eine solch bedeutende Behörde sich scheinbar so wenig um ihre Sicherheitsvorkehrungen kümmert.

Abends bewacht ein schläfriger Pförtner das Ministerium, dessen imponierendste Waffe ein Kessel ist. Niemand nimmt Anstoß daran, dass er ab und an einnickt oder Besuch von seiner Frau erhält. Bemerkenswerter ist jedoch, dass man den Angestellten Percy Phelps für den Diebstahl eines brisanten Dokuments verantwortlich macht, der Pförtner aber nicht einmal verdächtigt wird.

Sherlock Holmes' Fähigkeiten werden nun sofort gebraucht, denn nur Logik und ein scharfer Intellekt können einen solchen Sicherheitsverstoß aufklären. Unser Meisterdetektiv weitet seine Suche über das Ministerium hinaus aus und findet das Dokument an einem völlig unerwarteten Ort.

Den Erläuterungen der Einleitung gemäß sollten Sie die Karte wie einen Reiseführer stets bei sich tragen. Sie ist unerlässlich, um Sie durch die fremden Orte und Plätze sowie Ereignisse dieses Kapitels zu leiten.

Beginnen Sie mit dem ersten Rätsel, lösen Sie es und folgen Sie dem Hinweis im Kasten, um auf der Karte die Nummer des nächsten Rätsels zu suchen, mit der Sie sich dann zum entsprechenden Rätsel im Kapitel begeben.

Wiederholen Sie diese Vorgehensweise bei jedem Rätsel, indem Sie zwischen den Rätseln und der Karte hin- und herpendeln, bis Sie den letzten Hinweis im Kasten erreicht haben.

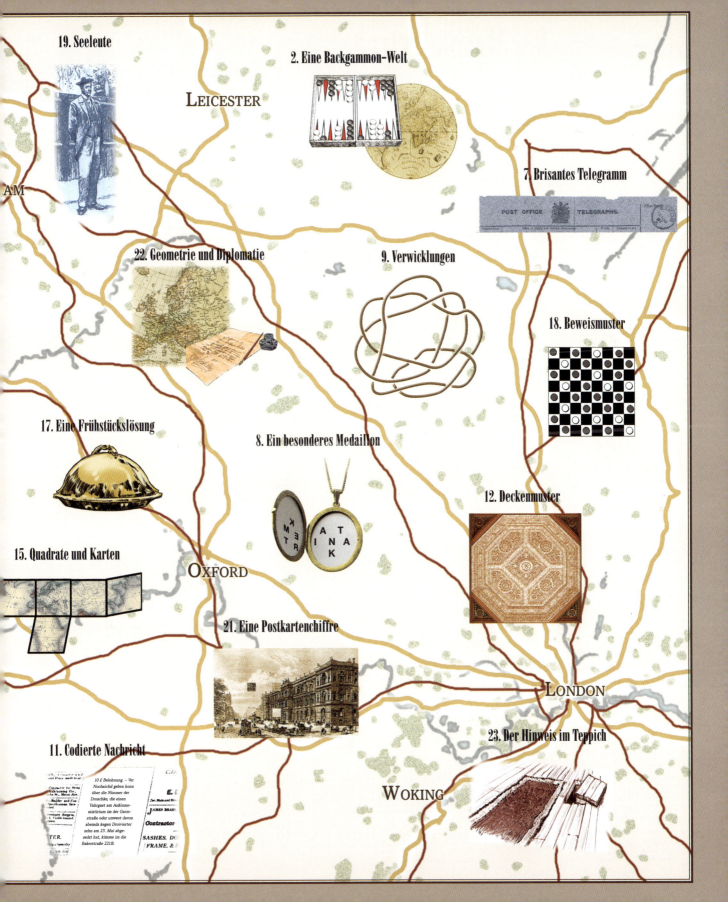

1
Lackmustest

„Ach, hallo, Watson. Ich tauche gerade einen Streifen Lackmuspapier in dieses Gefäß und je nachdem, welches Ergebnis ich erhalte, kann ein Menschenleben davon abhängen."

„Welches Wort wird im Rauch sichtbar?"

Begeben Sie sich auf der Karte zu einem mit natürlicher Energie angetriebenen Fahrzeug.

2
Eine Backgammon-Welt

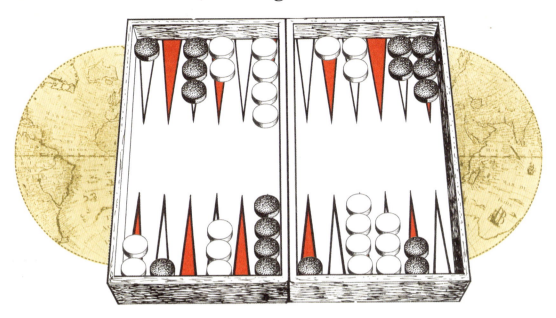

„Das Backgammonbrett ist ein gutes Beispiel für die Welt der Marine und verdeutlicht, weshalb sie solide Verträge braucht, Watson. Wie Steine, die sich von Point zu Point um die vier Quadranten des Bretts bewegen, so segeln Schiffe durch die Ozeane in der Hoffnung, ihren Bestimmungsort zu erreichen, wobei sie oft nahe an Feindschiffen navigieren müssen. Genauso wie Backgammonspieler Regeln brauchen, benötigen Schiffe zuverlässige und kohärente Abkommen, die eine friedliche Koexistenz garantieren, um Handel zu ermöglichen. Wenn es in einem Abkommen einen logischen Fehler gibt, kann das zu einem Krieg führen."

„Siehst du den logischen Fehler innerhalb der Quadranten dieser Backgammonaufstellung?"

> Suchen Sie auf der Karte
> eine Mauer mit einer
> verborgenen Botschaft.

3
Ein diplomatisches Zitat

H	O	E	N	R	W	E	R	S	N	N	S	S	D	E	P	E
U	E	K	E	H	E	T	O	F	U	U	G	K	A	D	S	E
S	N	I	R	D	S	G	E	H	K	E	N	T	T	M	I	F
F		T	C	I	S		E		I					D		

H	O	E				K										E
		K						I								
U															S	
			D					E		K						

„Wir müssen mit größter Vorsicht vorgehen, Watson, da wir uns in einer zwielichtigen Welt bewegen, in der schon das kleinste Missgeschick die hohe Diplomatie gefährdet. Es ist der Moment, ein Zitat des großen chinesischen Militärstrategen Sun Tzu zu beherzigen."

„Kannst du seine Maxime lesen, Watson, indem du jeden Buchstaben aus dem oberen Gitter spaltenweise im richtigen Kästchen des unteren Gitters platzierst, wobei jeder Buchstabe nur einmal benutzt werden darf?"

Suchen Sie auf der Karte eine eher geometrische Darstellung von Diplomatie.

4
Eine Welt voller Rosen

„Ich liebe Rosen, Watson, und ich hege größte Bewunderung für Botaniker und Züchter, die neue Sorten kultivieren und sie manchmal nach Berühmtheiten, Orten oder Göttinnen benennen."

„Kannst du die verschiedenen Rosensorten, die von NAPOLEON bis BULLATA reichen, so hintereinander anordnen, dass sie keine gemeinsamen Buchstaben haben?"

Gehen Sie auf der Karte zu einer Abbildung der Welt aus Quadraten.

5
Kartenfaltungen

„Ein anderes Problem mit Karten, Watson, betrifft die Tatsache, dass sie gefaltet werden müssen, was auf unterschiedliche Art gemacht werden kann. Die Standardmethode zur Feltung einer vierteiligen Karte wie die abgebildete führt zu einer überraschenden Anzahl von Lösungen."

„Auf wie viele Arten kannst du die vier Abschnitte der Karte in einen einzigen falten?"

> Die Anzahl der Lösungen verrät Ihnen, wohin Sie sich auf der Karte als Nächstes begeben müssen.

6
Vom Segel zum Dampf

„Watson, sieht man einmal von wehmütigen Gefühlen ab, die J.M.W. Turners Gemälde *Das Kriegsschiff Temeraire auf seiner letzten Fahrt* auslösen können, muss ich doch zugeben, dass ich fasziniert bin von der Symbolik dieses Bildes. Ein kleines Dampfschiff schleppt ein majestätisches Segelschiff zum Abwracken und demonstriert so die Überlegenheit der Dampf- über die Windkraft und steht für den Beginn des Industriezeitalters."

„Hier geht es zum Glück um Logik. Das Bild wurde auf ein Schachbrettmuster kopiert, doch einige Quadrate fehlen. Kannst du es in zwei gleich große Hälften entlang der Gitternetzlinien teilen?"

> Gehen Sie auf der Karte zu einem
> Medaillon mit einer Nachricht.

7
Brisantes Telegramm

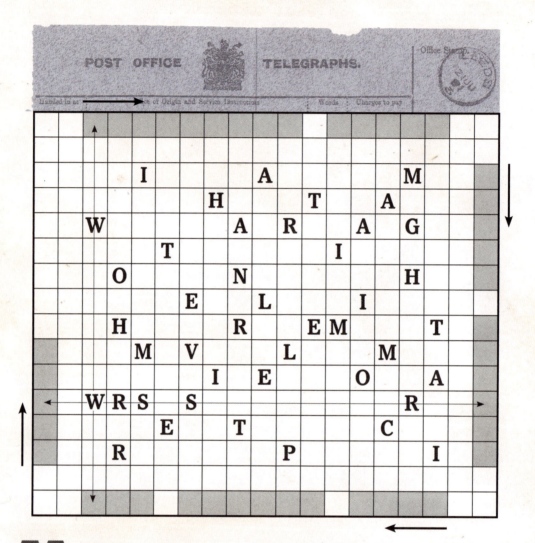

„Kaum auszudenken, Watson, wenn dieses Telegramm in den Zeitungen erscheinen würde! Im Augenblick ist es noch in diesem Gitter verborgen, aber die Buchstaben der Wörter drängen nach außen in die grauen Kästchen, die in Uhrzeigerrichtung gelesen werden."

„Kannst du jeden Buchstaben in die richtige Position schieben, sei es waagrecht oder senkrecht, wobei du immer in der gleichen Zeile oder Spalte bleibst?"

Gehen Sie auf der Karte zu einer Abendzeitung.

8
Ein besonderes Medaillon

„Joseph Harrison trägt ein Medaillon als Erinnerung an seine Schuld und sein Unglück. Es enthält den Ort, wo er mehr Geld verlor, als er sich leisten konnte, was ihn womöglich zum Verbrecher machte. Das Geheimnis ist aber auf besondere Art geschützt, da es nicht einfach entziffert werden kann."

„Kannst du dir vorstellen, Watson, was im Medaillon steht, wenn es geschlossen ist?"

> Suchen Sie auf der Karte angenehm duftende Gegenstände.

9
Verwicklungen

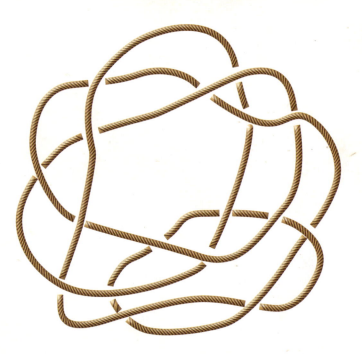

„Egal, ob es um Segel- oder Dampfschiffe geht, die Marine würde jedenfalls nicht existieren, gäbe es weder Taue noch Trossen oder Knoten, die unerlässlich zum Abschleppen oder Festmachen von Schiffen oder Vertäuen der Ladung sind. Die Logik von Knoten ist in ähnlicher Weise häufig nützlich bei verwickelten Kriminalfällen und zudem eine ausgezeichnete Übung für logisches Denken."

„Angenommen, Watson, du ziehst an dem oben abgebildeten Seil, wie viele Knoten würden entstehen?"

> Die Anzahl der Knoten verrät Ihnen, wohin Sie sich auf der Karte begeben müssen.

10
Die Schiffe Ihrer Majestät

„Manchmal sollte ich meine Fähigkeiten wirklich der Sprache zuwenden, Watson, da der Gebrauch von Wörtern und Buchstaben sich häufig gewöhnlicher Logik entzieht. Schau dir diese Schiffe der königlichen Marine an, die auf allen Weltmeeren kreuzen. Alle nur erdenklichen Namen werden benutzt, um die Schiffe Ihrer Majestät (HMS = Her Majesty's Ship) zu taufen."

„Einer der oben genannten Schiffsnamen kann jedoch mit den Buchstaben oben rechts, die über der Gischt von J.M.W. Turners Gemälde *Wellen, die sich gegen den Wind brechen* nicht gebildet werden."

Gehen Sie auf der Karte zum Ort eines speziellen Frühstückstischs.

11
Codierte Nachricht

10 £ Belohnung. – Ver Nochsichd geben konn über die Nimmer der Droschke, die einen Vahrgast am Außinmemistirium im der Garmstraße oder unweot davon abemds kegen Droivierter zehn am 23. Mai abgesedzt hat, kimme im die Bakerstraße 221B.

„Ich habe keine Antworten auf meine Anzeige in den Abendzeitungen erhalten, Watson, aber das wundert mich nicht. Ich habe auch keine erwartet! Meine wahre Absicht war, einem Bekannten im Außenministerium eine geheime Nachricht zu senden. Er sollte notfalls in Percy Phelps Büro gehen und es durchsuchen, aber auf ein Signal von mir warten, um sicherzustellen, dass Phelps es verlassen hätte. Zum Glück habe ich einen Freund bei einer der Zeitungen, der bereit war, seinen Ruf als Setzer zu riskieren und den Text oben abzusetzen."

„Kannst du die verschlüsselte Nachricht entziffern?"

> Gehen Sie auf der Karte von diesem zum direkt nordöstlich angrenzenden Rätsel.

12
Deckenmuster

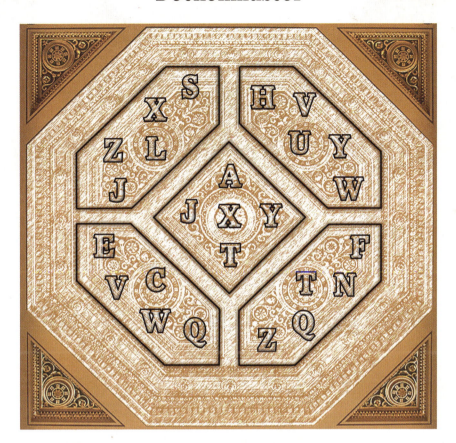

„Lass dich nicht vom Deckenmuster verwirren, Watson. Kein Ort ist mit codierten Botschaften so angefüllt wie das Außenministerium. Sie erfinden hier ständig neue Methoden, um den Nachrichtenaustausch mit Botschaften und ausländischen Kontakten geheim zu halten. Wenn ich mir die Buchstaben an der Decke so anschaue, dann soll uns ihre Anordnung wohl bei unserer Suche helfen."

„Einige Buchstaben heben sich von den anderen ab und bilden ein Wort. Kannst du die Systematik dahinter erkennen?"

Das Lösungswort führt Sie auf der Karte zum nächsten verwickelten Problem.

13
Dampfer-Paradoxon

„Hier ist ein interessantes Paradoxon, Watson, das die Grenzen der Technik aufzeigt. Ein Kaufmann erreicht seinen Bestimmungsort auf einem Segelschiff bei einer Geschwindigkeit von sechs Knoten. Da er eiligst zu seinem Ausgangspunkt zurückkehren möchte, steigt er auf einen Dampfer um. Er bittet den Kapitän, mit voller Maschinenkraft zu fahren, sodass die Durchschnittsgeschwindigkeit für die Hin- und Rückreise zwölf Knoten beträgt."

„Soll der Dampfer-Kapitän diese Herausforderung annehmen? Und wenn er es tut, wie hoch muss die Geschwindigkeit sein?"

> Begeben Sie sich auf der Karte zu einem Schachbretträtsel.

14
Versteckte Verhandlung

„Ich wusste es, Watson! Der Schurke hat bereits Verhandlungen begonnen, um seine Beute zu verhökern. Schau dir diese Nachricht an, die auf die Gartenmauer gekritzelt wurde. Es wirkt wie kindischer Unsinn, aber wenn du den Code entschlüsselst, dann wird die geforderte Summe deutlich."

„Ich gebe dir einen Hinweis, Watson. Die Römer liebten Graffitis."

> Suchen Sie auf der Karte
> ein Telegramm mit
> brisantem Inhalt.

15
Quadrate und Karten

„Da das Außenministerium mit der ganzen Welt zu tun hat, Watson, besitzt es ein riesiges Kartenarchiv. Die Formen der Karten variieren je nach geografischem Gebiet, allerdings können die meisten mittels fünf Quadraten dargestellt werden. Fünf Quadrate lassen sich auf zwölf verschiedene Arten anordnen, unabhängig von Drehungen oder Symmetrien."

„Kannst du auf Grundlage der elf oben abgebildeten Varianten die zwölfte Möglichkeit bestimmen?"

Suchen Sie auf der Karte nach der besten Methode zur Kartenarchivierung.

16
Schiffsrouten

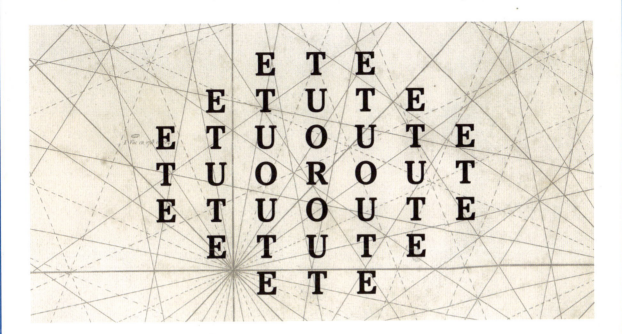

„Es gibt viele Schiffsrouten der Marine, Watson, um auf See von einem Hafen zum anderen zu gelangen, wobei die Schnelligkeit von den Winden, Strömungen und der Zeit abhängt."

„Wie viele Male kannst du mithilfe der Buchstaben oben ein E mit dem R in der Mitte verbinden, um das Wort ROUTE zu bilden, indem du benachbarte Buchstaben benutzt, allerdings ohne die gleichen Buchstaben in einem Wort zweimal zu verwenden?"

Begeben Sie sich auf der Karte zu einem schwarz-roten Brettspiel.

17
Eine Frühstückslösung

„Mister Phelps, ich kann einem Hauch von Dramatik nie widerstehen. Ich habe hier ein besonderes Rätsel vorbereiten lassen. Das gesuchte Dokument befindet sich unter einer dieser Abdeckhauben, aber unter welcher?"

„Wenn Sie der Logik der Zahlen auf den Abdeckhauben folgen, dann sind zwei falsch positioniert. Das Dokument liegt unter der Haube, die zwischen den zwei nicht korrekt platzierten Hauben aufgestellt ist."

Begeben Sie sich auf der Karte zu einem Teppich, der einen letzten Hinweis enthält.

18
Beweismuster

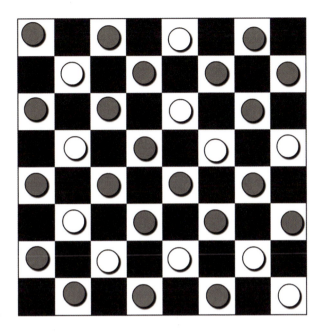

„Die Schwierigkeit in Ihrem Fall", wendet sich Holmes in seiner üblichen lehrhaften Art an Phelps, „war der Überfluss an Beweismaterial. Aus sämtlichen Fakten, die man uns vorlegte, mussten wir erst die wesentlichen heraussuchen und dann wieder zusammensetzen, um die bemerkenswerte Kette der Ereignisse zu rekonstruieren. Eine ähnliche Situation findet sich auf diesem Schachbrett wieder, auf dem ich weiße und schwarze Steine wie Fakten in einem Fall mittels eines sehr einfachen Musters angeordnet habe. Ein quadratisches Feld folgt jedoch nicht dem Muster, sodass darauf ein Stein mit der falschen Farbe liegt."

„Watson, kannst du die Muster erkennen und die korrekte Reihenfolge der Felder wiederherstellen?"

> Gehen sie wieder auf See und suchen Sie auf der Karte nach einem Gemälde mit rauem Wetter.

19
Seeleute

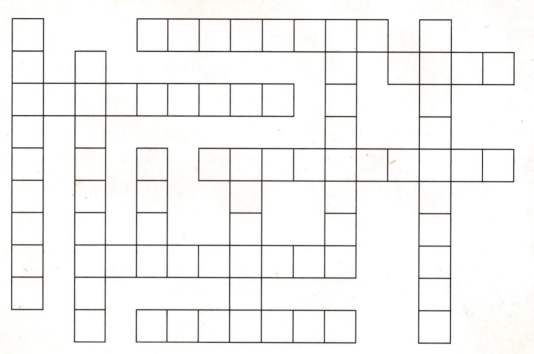

"Das sehr organisierte, hierarchisch aufgebaute Seemannsgewerbe umfasst eine Reihe von Berufen, Watson, die außerhalb eines Schiffes nur selten anzutreffen sind, etwa STEUERMANN, BOTTELIER, SMUT, MAAT, ZIMMERER, DECKSMANN, RUDERGAST, KALFATERER, KAPITAEN, TAKLER, SCHREIBER, WUNDARZT, MATROSE."

"Eine Bezeichnung passt nicht ins Kreuzworträtsel. Welche ist es?"

> Suchen Sie auf der Karte ein Paradoxon, in dem es um die Geschwindigkeit von Schiffen geht.

20
Besegelung

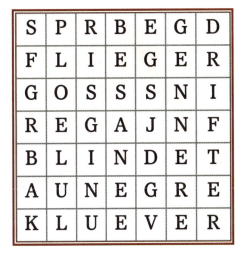

FLIEGER
GENUA
GENNAKER
FOCK
LATEINERSEGEL
GROSSSEGEL
BESAN
GAFFELSEGEL
ROYALSEGEL
DRIFTER
SPINNAKER
SPRIETSEGEL
LUGGERSEGEL
BLINDE
KLUEVER
JAGER

„Ich habe gerade über etwas nachgedacht, Watson. Obwohl die heikle Wissenschaft, starke Windkraft in unterschiedlichen Wetterbedingungen zu erhalten, zunehmend außer Gebrauch gerät, lass uns dennoch diese Aufzählung von Segeltypen untersuchen. Sechs der Segelbezeichnungen kommen in beiden Quadraten vor. Welches Segel findet sich nur in einem Quadrat?"

> Begeben Sie sich auf der Karte zum Übergang vom Segel- zum Dampfschiff.

21
Eine Postkartenchiffre

„Hier ist ein weiterer Beweis für das kriminelle Vorhaben unseres Schurken, eine veränderte Postkartenchiffre des Außenministeriums in Whitehall, die er an seinen Komplizen senden wollte."

„Die Anordnung ist geradezu einfach und gedacht, seinem Mitwisser eine genaue Uhrzeit anzugeben. Erkennst du sie?"

„Ich gebe dir einen Hinweis, Watson. Denke an die Nachricht auf der Gartenmauer und benutze eine ähnliche Logik."

> Wenn Sie die genaue Uhrzeit kennen, gehen Sie auf der Karte zu den Decken des Außenministeriums.

22
Geometrie und Diplomatie

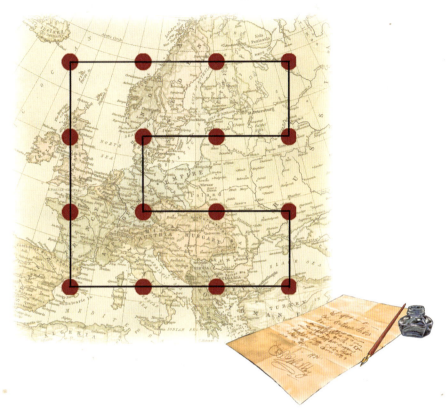

„Diplomatie ist die Kunst, verschiedene Nationen so auf Linie zu bringen, dass jedes Mitglied möglichst dem Interesse aller dient. Angenommen, Watson, diese Punkte auf der Karte stellen sechzehn Länder dar und die sieben Gerade ein Abkommen oder eine Allianz. Die Linien gehen genau einmal durch jedes Land und verbinden sie in einem Zug zu einer einzigen Gruppe. Es gibt jedoch eine bessere Möglichkeit, die Länder mit einem Linienzug so zu verknüpfen, dass sechs statt sieben gerade Abschnitte entstehen und die sechzehn Länder nur einmal durchlaufen werden. Wie muss diese Linie gezeichnet werden?"

> Begeben Sie sich auf der Karte
> zu Männern, die zur See fahren.

23
Der Hinweis im Teppich

„Zum Abschluss dieses Falles, Watson, möchte ich dich darauf aufmerksam machen, dass der entscheidende Hinweis zur Wiedererlangung des Original-Marinevertrags, der Percy Phelps abhanden gekommen ist, ganz einfach in einer geometrischen Figur verborgen war, die sich im Teppich befand."

„Beginne mit dem richtigen Buchstaben und überspringe dann immer die gleiche Anzahl Ecken im Uhrzeigersinn, um den Hinweis zu entziffern."

Gehen Sie auf die nächste Seite.

Der falsche Buchstabe

„Hast du einen winzigen, aber auffallenden Fehler in diesem Kapitel bemerkt, Watson? Ah, natürlich, du konntest ihn nicht sehen, weil dein Verstand nicht geübt ist, die kleinen Unstimmigkeiten wahrzunehmen, die ich als Detektiv Hinweise nenne. Diese Details, die gewöhnliche Sterbliche üblicherweise nicht beachten, sind die entscheidenden Steinchen, auf denen meine Lösungen der Rätsel beruhen."

Die Abweichung, die Sie in diesem Kapitel entdeckt haben, ist ein Hinweis für das abschließende Silbenrätsel unten.

Hinweis zu Kapitel 6: _____

Lösungswort: _____

Nachdem Sie sich nun durch die sechs Fälle dieses Buches getüftelt haben, sollten Sie die sechs Hinweise gesammelt haben, um das Lösungswort bestimmen zu können.

Setzen Sie die sechs Hinweise zusammen und erraten Sie die verborgenen Wesen, denen Holmes wegen seiner logischen und praktischen Veranlagung niemals begegnet, die aber eine wichtige Rolle im Leben seines Schöpfers Sir Arthur Conan Doyle spielten.

(Lösung auf Seite 200)

Lösungen zu Das gesprenkelte Band

1. ☞ HELEN. *Begeben Sie sich auf der Karte zu #5.*

2. ☞ 8 Teile sind in einem geschlossenen Kreis verschoben. Hier ist die wiederhergestellte Abbildung. *Begeben Sie sich auf der Karte zu #8.*

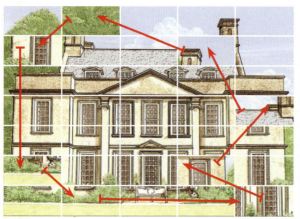 

3. ☞ Alle Zahlen außer 13 sind Vielfache von 7. *Begeben Sie sich auf der Karte zu #13.*

4. ☞ Die ONCILLA ist nicht im Rechteck enthalten. Sie ist die zehnte Katze auf der Liste. *Begeben Sie sich zu auf der Karte zu #10.*

5. ☞ 4 Teile haben sich waagrecht umgedreht. 20 – 4 = 16. *Begeben Sie sich auf der Karte zu #16.*

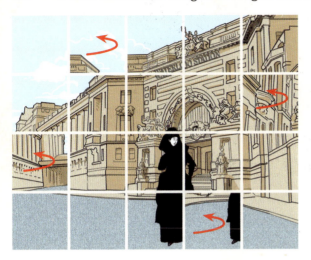 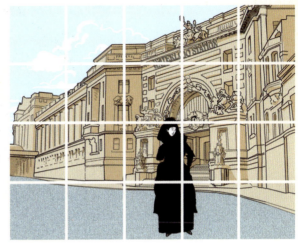

6. ☞ ZIEPEN, DUDELN, FLOETE, SAEUSELN, ZISCHEN, PUSTEN, BLASEN, PIEPEN, TRILLER. Kein Synonym ist BAND, ein Schlüsselwort dieses Abenteuers. *Begeben Sie sich auf der Karte zu #14.*

7. ☞ In jeder Zeile außer der zweiten ist die Stundenangabe das Produkt aus den Ziffern der Minuten. *Begeben Sie sich auf der Karte zu #2.*

8. ☞ DRILL, DSCHELADA, GRÜNE MEERKATZE, HUSARENAFFE, KAPUZINERAFFE, LOMAMI-MEERKATZE, MAKAKE, MANDRILL, MARMOSETTE, PAVIAN, ROLOWAY-MEERKATZE, SAKI, SPRINGAFFE, STUMMELAFFE, TAMARINAFFE, UAKARI. Sherlock Holmes hatte einen Saki, den vierten Affen von oben der ursprünglichen Aufzählung. *Begeben Sie sich auf der Karte zu #4.*

9. ☞ Platzieren Sie die Streichhölzer so, dass N und T vervollständigt werden, dann lautet das Lösungswort NATTER. *Begeben Sie sich auf der Karte zu #23.*

10. ☞ Das R in der Mitte lässt sich auf vier verschiedene Arten als RAN lesen. Jedes M erreicht R in einer Richtung. Das ergibt 4 x 4 = 16 MORANs. *Begeben Sie sich auf der Karte zu #6.*

11. ☞ Kiefer heißt zugleich Geißblattbewuchs, kein Ziegeldach und auch keine Ziegelwand, da letztere immer mit einem Ziegeldach vorkommt. Es kann also keine Kiefer vor einem Herrenhaus mit einem Ziegeldach stehen. *Begeben Sie sich auf der Karte zu #7.*

Lösungen zu Das gesprenkelte Band

12. ☞ 11 Gerade. *Begeben Sie sich auf der Karte zu #22.*

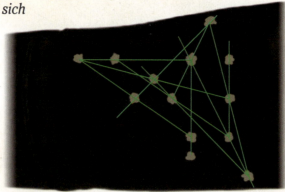

13. ☞ Zylinder (y), Gehäuse (äu), Hammer (m), Abzug (u), Züngel (ü), Warze (W): 6 + 5 = 11. *Begeben Sie sich auf der Karte zu #11.*

14. ☞ Es sollte 3 dreizackige Sterne geben, 4 vierzackige Sterne usw. Ein fünfzackiger Stern fehlt auf dem Band. *Begeben Sie sich auf der Karte zu #18.*

15. ☞ Wenn Sie an beiden Enden der Leine ziehen, erhalten Sie genau einen Knoten. *Begeben Sie sich auf der Karte zu #9.*

16. ☞ 4 Dreiecke: 2 kleinere und 2 größere, wobei letztere nur 2 Seiten besitzen. *Begeben Sie sich auf der Karte zu #19.*

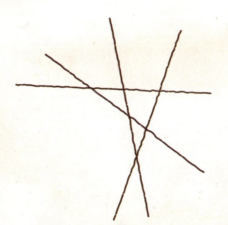

17. ☞ 3 Paare: AA, BB und CC. *Begeben Sie sich auf der Karte zu #3.*

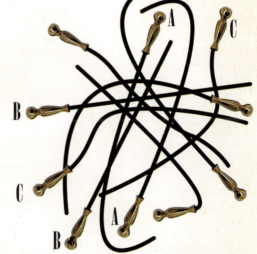

18. ☞ Auf jedem Sechseck ergibt die Summe der sich gegenüberliegenden Zahlen 10. Schlüsselzahl: 9. 9 + 11 = 20. *Begeben Sie sich auf der Karte zu #20.*

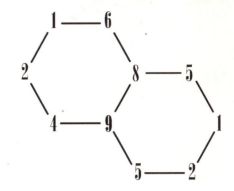

19. ☞ ALLGEMEINARZT (Sprünge von jeweils 5 Buchstaben). *Begeben Sie sich auf der Karte zu #12.*

20. ☞ *Begeben Sie sich auf der Karte zu #21.*

21. ☞ Preis = 6/3. Linke und rechte Seite jedes Preises geben jeweils die Anzahl der Buchstaben des ersten und zweiten Bestandteiles eines Menüs an, z. B. Lamm/filets = 4/6. 6 + 9 = 15. *Begeben Sie sich auf der Karte zu #15.*

22. ☞ Auf jeder Kette mit Ausnahme der ersten sind immer zwei rote Steine mehr als grüne aufgezogen. *Begeben Sie sich auf der Karte zu #17.*

23. ☞

Lösungen zu Die tanzenden Männchen

1. ☞ Das Lösungswort lautet: ENTSCHLÜSSELN. *Begeben Sie sich auf der Karte zu #5.*

2. ☞ 6 Menschen hinterließen unterschiedliche Fußspuren, jeder mit seinem linken und rechten Schuh. *Begeben Sie sich auf der Karte zu #6.*

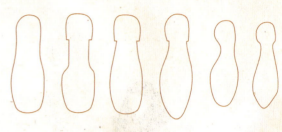

3. ☞ Die verschlüsselte Botschaft lautet: ELSIE SEI BEREIT, DEINEM GOTT ZU BEGEGNEN. *Begeben Sie sich auf der Karte zu #12.*

4. ☞ Drei Quadrate wurden gegeneinander ausgetauscht. *Begeben Sie sich auf der Karte zu #15.*

5. ☞ 13 verschiedene Symbole. 13 + 1 = 14. Die dreizehn Grundsymbole sind:

Begeben Sie sich auf der Karte zu #14.

6. ☞ Ziehen Sie die obere Fensterscheibe herunter, dann ergeben sich in 3 Zeilen die Wörter: TREFFE DICH IN KIRCHE. *Begeben Sie sich auf der Karte zu #17.*

7. ☞ In dieser Reihenfolge hat kein Tier einen Buchstaben gemeinsam mit einem vorhergehenden oder nachfolgenden:
WELS – MUNTJAK – HIRSCH – WOLF – DACHS – IGEL – MAUS – OTTER – FUCHS.
Begeben Sie sich auf der Karte zu #9.

8. ☞ CHICAGO. 3 + 1 = 4. *Begeben Sie sich auf der Karte zu #4.*

9. ☞ 3 Drillinge, 3 x 6 = 18. *Begeben Sie sich auf der Karte zu #18.*

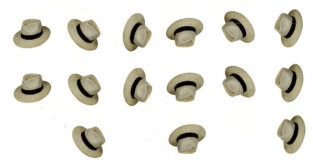

10. ☞ 4-mal im Uhrzeigersinn und 3-mal gegen den Uhrzeigersinn. *Begeben Sie sich auf der Karte zu #20.*

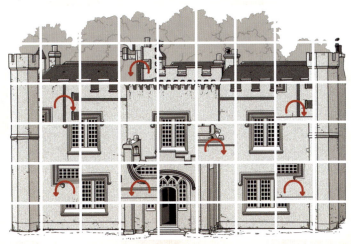

11. ☞ Es gibt kein X für WROXHAM. *Begeben Sie sich auf der Karte zu #10.*

Lösungen zu Die tanzenden Männchen

12. ☞ Es gibt 4 verschiedene Ringgrößen; ihre Mengen sind: 16 – 17 – 18 – 20. Die letzte Zahl müsste logischerweise 19 statt 20 sein. *Begeben Sie sich auf der Karte zu #21.*

13. ☞ Speisekarte:
ENTENPASTETE
ERBSENSUPPE
RAHMLAUCH
LACHSFILETS
BRATHAEHNCHEN
ZITRONENSORBET
Begeben Sie sich auf der Karte zu #19.

14. ☞ Elsie sollte sich vergewissern, dass er einen Hut trägt: Er ist ein Gutsherr, manchmal zornig und hat blaue Augen. Sie kann ihm als Hutträger ihr Geheimnis anvertrauen. *Begeben Sie sich auf der Karte zu #3.*

15. ☞ Eines der der neun Teile passt nicht zu den benachbarten, und zwar das südlich gelegene Rechteck. *Begeben Sie sich auf der Karte zu #11.*

$$\begin{array}{r} 9567 \\ +1085 \\ \hline 10652 \end{array}$$

16. ☞ Das Ergebnis hat 5 Stellen, d.h., dass nach der Addition die erste Ziffer in der Ergebniszeile 1 ist. Die erste Ziffer in der zweiten Zeile ist die gleiche. Die erste Zeile muss daher mit 9 beginnen, um 10 zu erhalten. Dadurch ist die zweite Ziffer der Ergebniszeile 0. Die zweite Ziffer in der zweiten Zeile ist somit auch 0. Die zweite Ziffer in der ersten Zeile und die dritte Ziffer in der Ergebniszeile sind unterschiedlich, obwohl 0 addiert wurde, d.h., dass in der Spalte rechts davon ein Übertrag von 1 entstanden ist. Die beiden unterschiedlichen Ziffern müssen Zahlen wie 2 und 3 oder 3 und 4 sein. Indem alle Möglichkeiten ausprobiert werden, wobei zugleich auch die anderen Positionen geprüft werden, wo die gleichen Symbole erscheinen, bleiben als Lösung nur 5 und 6. Führen Sie nun die Addition fort und bestimmen die anderen Zahlen. *Begeben Sie sich auf der Karte zu #22.*

17. ☞ Hier ist eine von mehreren möglichen Lösungen:
Begeben Sie sich auf der Karte zu #13.

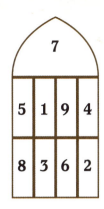

18. ☞ VOR ALLEM, MEINE HERREN, MOECHTE ICH IHNEN MITTEILEN, DASS ICH DIE DAME VON KINDHEIT AN KENNE. IN CHICAGO WAREN WIR SIEBEN IN EINER BANDE UND ELSIES VATER WAR DER BOSS UNSERER GEMEINSCHAFT. ER WAR EIN KLUGER KOPF, DER ALTE PATRICK. ER HAT AUCH DIESE SCHRIFT ERFUNDEN, DIE FUER DAS GEKRITZEL VON KINDERN GEHALTEN WORDEN WAERE, WENN SIE NICHT JETZT DIE LOESUNG GEFUNDEN HAETTEN. AUCH ELSIE LERNTE EINIGE UNSERER SCHLICHE, ABER IHR SAGTE DIESES GEWERBE NICHT ZU UND NAHM IHR BISSCHEN ERERBTES VERMOEGEN, VERLIESS UNS UND GING NACH LONDON.
Begeben Sie sich auf der Karte zu #23.

19. ☞ Slaney, der Schurke, passt nicht dazu.
Begeben Sie sich auf der Karte zu #16.

20. ☞ Diese Dreiergruppe hat kein Symbol gemeinsam mit irgendeiner der anderen.
Begeben Sie sich auf der Karte zu #2.

21. ☞ *Begeben Sie sich auf der Karte zu #8.*

```
      C
H     U
A  CUBIT
MARTIN
G     T
R
THURSTON
A
V
E
```

22. ☞ KOMM ZU DER WASSERSTELLE.
Begeben Sie sich auf der Karte zu #7.

23. ☞ SALTPETER (SALPETER), Sprünge von jeweils 4 Buchstaben.

Lösungen zu Ein Skandal in Böhmen

1. ☞ Der Hauptteil des Pfeifenstiels ganz außen rechts ist seitenverkehrt. *Begeben Sie sich auf der Karte zu #22.*

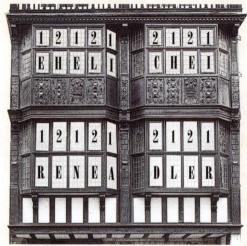

2. ☞ Godfrey hat jeden Buchstaben abwechselnd um eine oder zwei Stellen im Alphabet vorwärtsbewegt. Setzt man sie wieder zurück, lautet die Botschaft „EHELICHE IRENE ADLER". Irene Adler ergibt 10 Buchstaben. *Begeben Sie sich auf der Karte zu #10.*

3. ☞ Auf den Stufen sind alternierend zwei Reihen dargestellt:
– eine mit einem konstanten Zuwachs von 4: 13, 17, 21 …
– eine mit einem regelmäßig steigenden Zuwachs von 3, 4, 5 …, das heißt: 12, 15, 19, 24 … Die letzte Stufe gehört zur Reihe mit regelmäßig steigendem Zuwachs und die Zahl darauf müsste 54 + 10 = 64 sein. *Begeben Sie sich auf der Karte zu #9.*

4. ☞ In dieser Reihenfolge haben keine zwei nebeneinander stehende Edelsteine gemeinsame Buchstaben: AMETHYST, ZIRKON, PLASMA, CITRIN, OPAL, TÜRKIS, ONYX, ACHAT, BERYLL, TOPAS, RUBIN, JADE, IOLITH, SMARAGD, KUNZIT.
Begeben Sie sich auf der Karte zu #6.

5. ☞ Ein geschlossener Zug aus fünf Geraden. *Begeben Sie sich auf der Karte zu #23.*

6. ☞ Alle Buchstaben jeder Pelzart in der Untermenge sind unterschiedlich. Das sechste Element ist MERINO: M ist der dreizehnte Buchstabe. *Begeben Sie sich auf der Karte zu #13.*

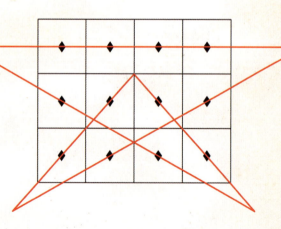

7. ☞ Schauen wir uns die Zahnräder einmal genau an. Wenn das erste Zahnrad einen Zahn dreht, dann drehen auch die anderen Zahnräder einen Zahn weiter. Wenn es eine ganze Umdrehung ausführt, dann dreht es 24 Zähne, und das tut auch das letzte Zahnrad, d. h., dass es 24 / 12 = 2 ganze Umdrehungen macht. *Begeben Sie sich auf der Karte zu #17.*

24 Zähne

12 Zähne

8. ☞ Es können 4 vollständige Brougham-Kutschen zusammengefügt werden. *Begeben Sie sich auf der Karte zu #4.*

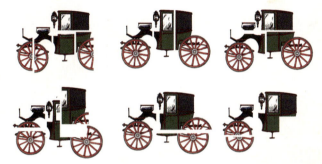

9. ☞ Die Nachricht lautet: SEND DIAMANT AN LADY KLOTILDE. Das längste Wort ist Klotilde: 8 Buchstaben. *Begeben Sie sich auf der Karte zu #8.*

10. ☞ DER TEMPELORDEN. *Begeben Sie sich auf der Karte zu #14.*

11. ☞ VERACHTUNG wird nur einmal im Gitter benutzt und steht in der siebten Zeile der Aufzählung. *Begeben Sie sich auf der Karte zu #7.*

12. ☞ Das Zitat lautet: EIN GEHEIMNIS IST ETWAS, DAS MAN NUR MIT EINER PERSON TEILEN KANN (Michel Audiard). *Begeben Sie sich auf der Karte zu #16.*

E	I	N		G	E	H	E	I	M	N	I	S		I	S	T
	E	T	W	A	S		D	A	S		M	A	N		N	U
R		M	I	T		E	I	N	E	R		P	E	R	S	O
N		T	E	I	L	E	N		K	A	N	N				

Lösungen zu Ein Skandal in Böhmen

13. ☞ Es sind 10 verschiedene Flächen. (Haben Sie die Fläche um die Rahmen vergessen?) 10 x 2 = 20. *Begeben Sie sich auf der Karte zu #20.*

14. ☞ Jede Zahl ist das Produkt aus zwei Primzahlen:
21 = 3 x 7
65 = 5 x 13
33 = 3 x 11
…
… außer 18 = 3 x 3 x 2, ein Produkt aus 3 Primzahlen. *Begeben Sie sich auf der Karte zu #18.*

15. ☞ Auf den Regalen befinden sich 6 Gruppen mit jeweils 6 Büchern. Die Bände stehen entweder aufrecht oder sind gekippt und lehnen sich an die linken Exemplare an. In jeder Gruppe, außer in der unten rechts, gibt es jeweils vier dicke und zwei dünne Bücher. *Begeben Sie sich auf der Karte zu #3.*

16. ☞ Der erwähnte Ort ist Irene Adlers Villa. *Begeben Sie sich auf der Karte zu #19.*

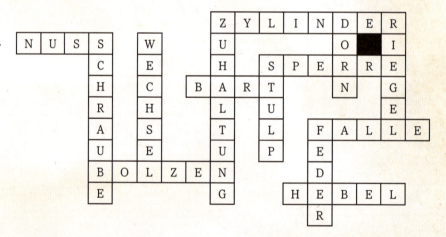

17. ☞ Die Symbole auf den Karo- und Herzkarten sind schwarz statt rot und die auf den Pik- und Kreuzkarten sind rot statt schwarz. *Begeben Sie sich auf der Karte zu #21.*

18. ☞ I grenzt an ein R, das an ein E angrenzt, aber dieses E grenzt nicht an N. IRENE und ADLER lassen sich nicht durch eine Folge benachbarter Flächen lesen. *Begeben Sie sich auf der Karte zu #5.*

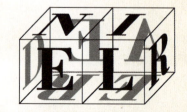

19. ☞ Die Nachricht ist kaum zu verstehen, aber sie enthält das Wort TEMPLE (das Holmes in einem vorhergehenden Rätsel erwähnt). Die ganze Nachricht lautet: ICH HABE GERADE DEN TEMPLE IN ALLER EILE VERLASSEN, UM DICH SOFORT IN DER NÄCHSTGELEGENEN KIRCHE ZU HEIRATEN. *Begeben Sie sich auf der Karte zu #2.*

20. ☞ Wenn Sie die Aussagen in dieser Reihenfolge lesen, dann beweisen sie, dass Cheshire-Katzen nicht leichtfertig reden, was sie daran hindert, Vertrauen zu brechen und so Geheimnisse zu verraten:

CHESHIRE-KATZEN LÄCHELN VON NATUR AUS.

KEIN LEBEWESEN, DAS NICHT MITFÜHLEND IST, LÄCHELT JEMALS.

MITGEFÜHL ERZEUGT RESPEKT.

RESPEKT SCHLIESST LEICHTFERTIGES REDEN AUS.

NUR LOSE ZUNGEN BRECHEN VERTRAUEN.

ALLE GEHEIMNISSE SIND VERTRAULICH.

Begeben Sie sich auf der Karte zu #12.

21. ☞ Platzieren Sie die Samen in einer Reihe, dann ergeben sich 10 verschiedene Anordnungen von jeweils 3 Samen: ABC–ABD–ABE–ACD –ACE–ADE–BCD–BCE–BDE – CDE. *Begeben Sie sich auf der Karte zu #15.*

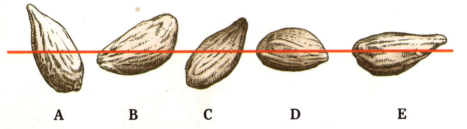

22. ☞ A, B und C sind miteinander verflochten, sodass jeder Ring die jeweils anderen blockiert, während D, der über C und unter A liegt, ungehindert fortschweben kann. *Begeben Sie sich auf der Karte zu #11.*

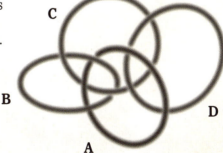

23. ☞ Das mittlere Stück stammt von einer anderen späteren Textseite.

Lösungen zu Der Hund der Baskervilles

1. ☞ Konstruieren Sie mit drei Streichhölzern ein Dreieck und benutzen Sie die anderen drei, um eine vierseitige Pyramide zu bilden. *Begeben Sie sich auf der Karte zu #10.*

2. ☞ HARFE, LAUTE, GEIGE, SPINETT, GITARRE, LEIER, BANJO, CELLO.
GESICHTER bezieht sich nicht auf ein Instrument.
Begeben Sie sich auf der Karte zu #12.

3. ☞ Wenn Sie die beiden Fenster überlagern, wirken die beiden Kerzen wie die Zeiger einer Uhr. Die Botschaft lautet: „Lass uns um fünf nach zehn treffen." *Begeben Sie sich auf der Karte zu #21.*

4. ☞ 7 mathematische Symbole werden benötigt:
$((3 \times 9) \times (25 \times 4)) + ((7 + 1) / (8 - 6)) = 2704$. *Begeben Sie sich auf der Karte zu #19.*

5. ☞ EIBE. KIRSCHE, WEISSDORN, LINDE, WACHOLDER, PAPPEL, BIRKE, WEIDE. *Begeben Sie sich auf der Karte zu #2.*

6. ☞ Das Wort aus den unerwünschten Buchstaben lautet: INSEKTEN. *Begeben Sie sich auf der Karte zu #15.*

7. ☞ Einbildungskraft ist notwendig, um von Grauen gepackt zu werden: Grauen ist unerträglich, das zu Panik führt, die wiederum Furcht entstehen lässt, die ein Bewusstsein für Gefahr voraussetzt, die hinwiederum ein Gespür für Bedrohungen erfordert, dem ein Bewusstsein für Folgen vorangeht, das durch Einbildungskraft erwächst. Also: kein Grauen ohne Einbildungskraft. *Begeben Sie sich auf der Karte zu #22.*

8. ☞ Alle Zahlen der Minuten in der rechten Spalte liegen zwischen 1 und 26. Angenommen sie stehen für die Stellen der Buchstaben im Alphabet, dann erhält man folgende Aussage: „PFORTE ZUHALTEN". *Begeben Sie sich auf der Karte zu #20.*

9. ☞ *Der Pfad. Begeben Sie sich auf der Karte zu #6.*

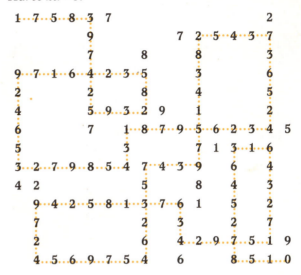

10. ☞ 14 Schritte. *Begeben Sie sich auf der Karte zu #14.*

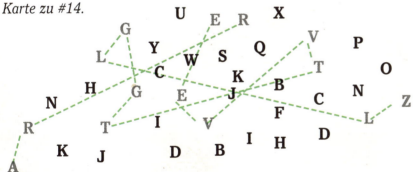

11. ☞ Das linke T ist mit 3 Os verknüpft, was jeweils 2 TORs ergibt; das mittlere T ist mit 4 Os verbunden, wodurch jedes Mal ebenfalls 2 TORs entstehen; das rechte ist mit 2 Os verknüpft, auch hier ergeben sich jeweils 2 TORs. Die Summe daraus ist: 3 x 2 + 4 x 2 + 2 x 2 = 18. *Begeben Sie sich auf der Karte zu #18.*

12. ☞ 5 verschiedene Gesichter. 5 + 4 = 9. *Begeben Sie sich auf der Karte zu #9.*

Lösungen zu Der Hund der Baskervilles

13. ☞ FREIHEIT ersetzt VERSTAND: 8 Buchstaben. 8 + 9 = 17. *Begeben Sie sich auf der Karte zu #17.*

14. ☞ Die Beschreibung lautet: „GLUEHENDE AUGEN UND TRIEFENDE LEFZEN". *Begeben Sie sich auf der Karte zu #7.*

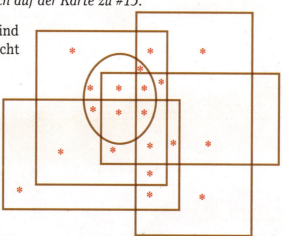

15. ☞ Im Folgenden die Lösung: GRABWESPE-MÜCKE-MOORBLÄULING-ZIKADE-LAUS-SPINNE-MOTTE-GRILLE-MOSKITO-LIBELLE-KÄFER-MOOSHUMMEL *Begeben Sie sich auf der Karte zu #11.*

16. ☞ Die Buchstaben im Würfel ergeben das lateinische Wort für Phosphor: PHOSPHORUS. *Begeben Sie sich auf der Karte zu #23.*

17. ☞ 4 Knoten: jeder Senkel ist zweimal verknotet (und sie sind ineinander verschlungen). *Begeben Sie sich auf der Karte zu #4.*

18. ☞ Das Kennwort lautet DREHUNG NACH LINKS. *Begeben Sie sich auf der Karte zu #13.*

19. ☞ Es sind 21 einander nicht überlappende Flächen. *Begeben Sie sich auf der Karte zu #8.*

20. ☞ Betrachten Sie die Zahlen, die entstehen, wenn man eine Ziffer der linken Seite mit einer Ziffer in der gleichen Position auf der rechten Seite zusammenfügt: 14, 21, 28 usw. Alle sind Vielfache von 7, außer 12. 1 + 2 = 3. *Begeben Sie sich auf der Karte zu #3.*

21. ☞ Die Nachricht lautet: „VERBRENN DEN BRIEF UND SEI UM ZEHN AM TOR." *Begeben Sie sich auf der Karte zu #16.*

22. ☞ Das Wort lautet: FLUCH.
Begeben Sie sich auf der Karte zu #5.

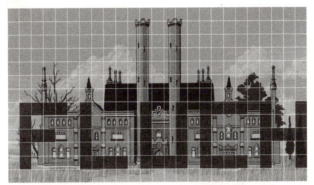

23. ☞ Der gesuchte Duft ist JASMIN.

```
A G R A M O M A D R A K
G L O G I E V I M E L E
A A S A N D E L H O L Z
R V E R A K P U R M V E
G E M S A J B O E R E D
A N I M S A J H V E I E
L D E L J S R C I F L R
B E R G A M O T T E C I
A L K B S I S A E I H M
N D J A M N E P V K E E
U B A S I L I K U M N L
M Y R I N P M Y R R H E
L A V E N D E L D N A S
```

—191—

Lösungen zu Die Liga der Rothaarigen

1. ☞ GRANAT. Von oben gezählt ist es der zehnte Rotton auf der Liste. *Begeben Sie sich auf der Karte zu #10.*

2. ☞ In jedem Teil bleiben 12 unversehrte Quadrate erhalten. *Begeben Sie sich auf der Karte zu #12.*

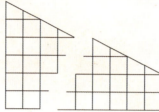

3. ☞ Ass steht für A, 2 für B, 3 für C, 4 für D, 5 für E, 6 für F, 7 für G, 8 für H, 9 für I. Die Nachricht lautet: „HIDE A BAG" („Verstecke eine Tasche"). *Begeben Sie sich auf der Karte zu #8.*

4. ☞ Das Teil unten links passt nicht. Aus den übrigen 5 Teilen entstehen 16 Quadrate. 16 + 3 = 19. *Begeben Sie sich auf der Karte zu #19.*

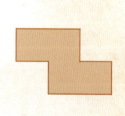

5. ☞ Es sind drei verschiedene Fingerabdrücke. *Begeben Sie sich auf der Karte zu #20.*

6. ☞ BRANDSTIFTUNG (13 Buchstaben) kommt nur im oberen Gitter vor. Die Begriffe, die sich in beiden Gittern finden, sind: DIEBSTAHL, FÄLSCHER, MÖRDER, BETRUG, VERBRECHER, DELIKT, GAUNER, WUCHER, GANOVE, SCHUFT, EINBRUCH, UNTAT, KRIMINELLER. *Begeben Sie sich auf der Karte zu #13.*

7. ☞ ATFNDULPZ
Begeben Sie sich auf der Karte zu #23.

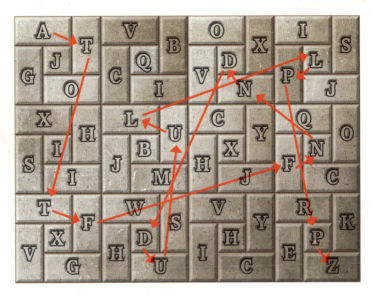

8. ☞ Ein Genie ist kreativ, somit ein Tagträumer, der die Poesie liebt, also die Musik nicht hassen kann. Im Gegensatz dazu ist ein Rothaariger geistlos, wenn er unerbittlich ist, hasst also die Musik, wenn er langes Haar trägt. Ein die Musik hassender, langhaariger, unerbittlicher Rotschopf kann kein Genie sein. *Begeben Sie sich auf der Karte zu #16.*

9. ☞ Angenommen die Schlösser sind A, B und C. Geben Sie dann einer Person die Schlüssel für A und B, einer zweiten die Schlüssel für B und C und einer dritten die für C und A, also insgesamt 6 Schlüssel. Das heißt, dass jede Person nur zwei Schlösser allein öffnen kann, aber zwei beliebige Personen alle drei. 6 x 3 = 18. *Begeben Sie sich auf der Karte zu #18.*

10. ☞ PFANDLEIHE (Sprünge von jeweils 3 Buchstaben).
Begeben Sie sich auf der Karte zu #22.

11. ☞ Eine mögliche Lösung ist: DUSSEL, NARR, HOLZKOPF, NIETE, DOLM, PIEFKE, NULL, IDIOT, NULPE, TOR, KNILCH, DEPP, CHAOT, BLÖDEL, HIRNI, TÖLPEL, DUMMI, PENNER. Längstes Synonym: HOLZKOPF (8 Buchstaben), 8 − 1 = 7. *Begeben Sie sich auf der Karte zu #7.*

12. ☞ Die drei Geschenke sind Silber, Gold und ein Rubin. Silber ist das preiswerteste und Alex hat es nicht gekauft. Bert, der mehr als irgendjemand anderes ausgegeben hat, hat kein Silber erworben. Somit kann nur Caleb Silber gekauft haben. Bert, der mehr ausgegeben hat als für Gold, hat den Rubin erstanden. Nur Alex kann es sein, der Gold erworben hat. Alex besteht aus 4 Buchstaben, somit 4 + 1 = 5. *Begeben Sie sich auf der Karte zu #5.*

Lösungen zu Die Liga der Rothaarigen

13. ☞ *Begeben Sie sich auf der Karte zu #11.*

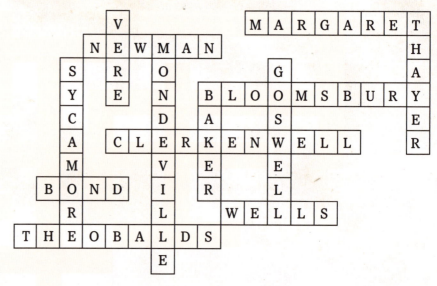

14. ☞ Lassen Sie uns die ersten vier Münzen oben links ABCD nennen. Die Abfolge gegen den Uhrzeigersinn ist dann ABCD, BCDA, CDAB, DABC. Die fünfzehnte Münze ist die falsch platzierte: C anstelle von B. *Begeben Sie sich auf der Karte zu #15.*

15. ☞ 1853, weil es 1 vierzackigen Stern gibt, 8 fünfzackige, 5 sechszackige und 3 siebenzackige. *Begeben Sie sich auf der Karte zu #3.*

16. ☞ Bewegen Sie sich Zeile für Zeile waagrecht und beginnen beim Kreuzass in der ersten Zeile. Der Augenwert wächst um 1 bei Kreuz, um 2 bei Karo, um 3 bei Pik und um 4 bei Herz. Wenn die Kartenwerte über 10 hinausgehen, gilt die Regel „1 über 10 hinaus", also beim Kreuzass 10 + 1 = 1. Die nächste Karte ist Karo 2 = 1 + 1 = 2 (1 aus dem Kreuzass und 1, weil Kreuz um 1 wächst.) Darauf folgt Herz 4 = 2 + 2 = 4 (2 aus Karo 2 und 2, weil Karo um 2 wächst)… usw.
Der Wert der verdeckten Karte entsteht aus Kreuz 10 +1 (weil Kreuz um 1 wächst) = 1. Die verdeckte Karte muss also ein Ass sein und weil auf diese Karte eine 3 folgt, kann sie also nur ein Karoass sein. 1 + 3 = 4. *Begeben Sie sich auf der Karte zu #4.*

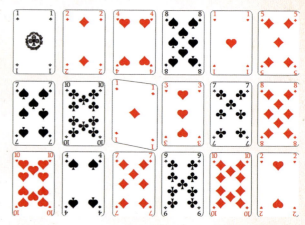

17. ☞ Es gibt keine 3, sodass die 7 ohne Ergänzungszahl zur 10 ist. 7 x 2 = 14.
Begeben Sie sich auf der Karte zu #14.

18. ☞ Wenn Sie die fehlerhaft gesetzten Großbuchstaben hintereinander lesen, lautet die Nachricht: „HIER UM ZEHN". *Begeben Sie sich auf der Karte zu #21.*

19. ☞ 6 Münzen, die so zerkleinert wurden:

Begeben Sie sich auf der Karte zu #6.

20. ☞ Wenn man bei 4 Minuten nach 12 beginnt, wachsen die Minuten alternierend um 3 und um eine regelmäßig steigende Zahl: 5, 6, 7, 8, 9.
4 + 3 = 7; + 5 = 12; + 3 = 15; + 6 = 21; + 3 = 24; + 7 = 31; + 3 = 34; + 8 = 42; + 3 = 45.
Der neue Zeiger würde auf 45 + 9 = 54 Minuten weisen. 54 / 6 = 9.
Begeben Sie sich auf der Karte zu #9.

21. ☞ Dieses Mal werden die Buchstaben verwendet, die den falsch gesetzten Großbuchstaben folgen. Die Nachricht lautet: „BULLION VIER WOCHEN LANG HIER AM ORT." 7 + 10 = 17.
Begeben Sie sich auf der Karte zu #17.

An *DIE LIGA DER ROTHAARIGEN*. Mit **B**ezug a**U**f das **L**egat des kürz**L**ich versch**I**edenen Ezekiah Hopkins aus Liban**O**n, Pe**N**nsyl**V**ania (Ver. Staaten), ist w**I**eder ein**E** Stelle zu ve**R**geben, die ein Mitglied der Liga **W**öchentlich gegen eine rein n**O**minelle Leistung bere**C**htigt zur Einna**H**me von vi**E**r Pfu**N**d. Al**L**e **A**n Leib u**N**d Seele **G**esunden Rot**H**aarigen, die das e**I**nundzwanzigste Jahr üb**E**rschritten haben, können sich bewe**R**ben. Persönliche Anmeldung **A**m Montag u**M** elf Uhr bei Duncan Ross **O**ben in den Räumen de**R** Liga, 7 Pope's Cour**T**, Fleet Street.

22. ☞ Jeder Preis ergibt sich aus der Anzahl der Vokale multipliziert mit der Anzahl der Konsonanten. Der Teppich kostet also 2 x 5 = 10. 10 / 5 = 2. *Begeben Sie sich auf der Karte zu #2.*

23. ☞ Jedes Fenster „umrahmt" einen Buchstaben: es enthält den jeweils vorhergehenden und folgenden Buchstaben im Alphabet (z. B., RT für S). Die Tätigkeit lautet: „STOLLENBAUER".

Lösungen zu Der Marinevertrag

1. ☞ Die Buchstaben im Rauch ergeben: „SCHULDIG". *Begeben Sie sich auf der Karte zu #20.*

2. ☞ Die Anzahl der Steine in allen vier Quadranten des Backgammonbretts auf den Points ist mit Ausnahme des oben rechts 1, 2, 3 und 4. *Begeben Sie sich auf der Karte zu #14.*

3. ☞ Die Maxime lautet: „HÖCHSTE KUNST DES KRIEGES IST DIE UNTERWERFUNG DES FEINDS OHNE KAMPF." *Begeben Sie sich auf der Karte zu #22.*

H	O	E	C	H	S	T	E		K	U	N	S	T		D	E
S		K	R	I	E	G	E	S		I	S	T		D	I	E
U	N	T	E	R	W	E	R	F	U	N	G		D	E	S	
F	E	I	N	D	S		O	H	N	E		K	A	M	P	F

4. ☞ In dieser Anordnung hat keines der Wörter gemeinsame Buchstaben mit einem nachfolgenden: NAPOLEON, TWIST, DUCHER, MAXIMA, VEDETTE, ISPHAHAN, ELLE, VANITY, CHORUS, AMELIA, JUNO, ALBA, ERFURT, SPONG, BULLATA. *Begeben Sie sich auf der Karte zu #15.*

5. ☞ Lassen Sie uns die einzelnen Abschnitte A, B, C und D nennen. Betrachten wir zuerst A und B. A kann über oder unter B gefaltet werden. Auf die gleiche Weise lässt sich D über oder unter C falten, was insgesamt 2 x 2 = 4 Möglichkeiten ergibt. Weitere Faltungen sind:
- AB über CD
- AB unter CD
- AB zwischen C und D
- CD zwischen A und B

Insgesamt resultieren daraus 4 x 4 = 16 Möglichkeiten.
Begeben Sie sich auf der Karte zu #16.

6. ☞ Zwei gleich große Teile sind:
Begeben Sie sich auf der Karte zu #8.

7. ☞ In der richtigen Reihenfolge ergeben die Buchstaben die Nachricht: „WHITEHALL MACHT MARINEVERTRAG MIT PARIS SOWIE ROM." Whitehall ist ein Synonym für das englische Außen- oder Verteidigungsministerium. *Begeben Sie sich auf der Karte zu #11.*

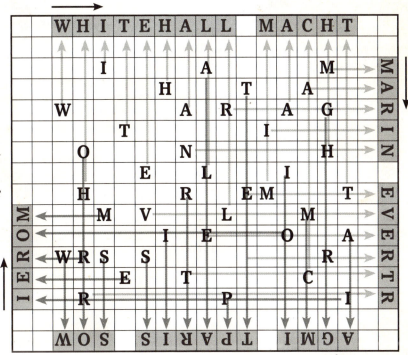

8. ☞ Das Wort im Medaillon heißt: „AKTIENMARKT". *Begeben Sie sich auf der Karte zu #4.*

9. ☞ 3 Knoten: *Begeben Sie sich auf der Karte zu #3.*

10. ☞ -> Da es unter den schwebenden Buchstaben kein U gibt, kann die *HMS Jumna* (Stapellauf 1866) nicht gebildet werden. *Begeben Sie sich auf der Karte zu #17.*

11. ☞ Wenn man die falschen Buchstaben durch die korrekten ersetzt, dann lautet die Botschaft: „WART AUF EINEN KLINGELTON". *Begeben Sie sich auf der Karte zu #21.*

10 £ Belohnung. – **W**er **N**a**ch**ric**ht** geben **k**ann über die **N**u**mm**er der Droschke, die einen **F**ahrgast am **A**uß**e**nm**in**isterium **in** der **K**ar**l**straße oder unweit davon ab**e**nds **g**egen **D**r**ei**vier**t**el zehn am 23. Mai abgese**t**zt hat, **ko**mme **in** die Bakerstraße 221B.

12. ☞ Mit Ausnahme der Buchstaben S, C, H, L, A, U, F, E, N kommen alle anderen in den fünf Feldern zweimal vor. *Begeben Sie sich auf der Karte zu #9.*

Lösungen zu Der Marinevertrag

13. ☞ Angenommen die Hin- und Rückreise dauert 4 Tage bei einer Durchschnittsgeschwindigkeit von 12 Knoten. Während seiner Hinreise, auf der der Kaufmann bei 6 Knoten die halbe Entfernung zurücklegt, verbringt er 4 Tage an Bord. Da er bereits 4 Tage für seine Hinreise aufgewendet hat, verbleibt keine Zeit mehr, um die Rückreise zu bewältigen. Die Herausforderung kann nicht erfüllt werden. *Begeben Sie sich auf der Karte zu #18.*

14. ☞ Wenn Sie alle Buchstaben herausstreichen, die keine römischen Zahlzeichen sind, dann ergibt sich MMDLX, das heißt, 1000 + 1000 + 500 + 50 + 10 = 2560. *Begeben Sie sich auf der Karte zu #7.*

15. ☞ Die zwölfte Möglichkeit: *Begeben Sie sich auf der Karte zu #5.*

16. ☞ Stellen Sie sich die Grafik als Quadrat mit 7 Spalten und 7 Zeilen vor, in dessen Mitte die 4. Spalte und die 4. Zeile ein Kreuz mit R im Zentrum bilden. Um R gruppieren sich links und rechts sowie oben und unten jeweils ein O. Durch die Os links, rechts und unter R entstehen zwischen den Zeilen 4-7 und den darunterliegenden Spalten 4-7 bzw. 1-4 jeweils 6 Möglichkeiten, das Wort ROUTE zu bilden. Das Gleiche gilt für die Os, die links, rechts und über dem R platziert sind. In den Zeilen 1-4 entstehen in den darüberliegenden Spalten 1-4 bzw. 4-7 ebenfalls jeweils 6 Möglichkeiten. Es ergeben sich somit insgesamt 24 Möglichkeiten, ROUTE zu lesen. *Begeben Sie sich auf der Karte zu #2.*

17. ☞ Wenn 7 und 10 die Plätze tauschen, ergibt sich in jeder Reihe, Spalte und Diagonale die Summe 34. Das verschwundene Dokument liegt daher unter Abdeckhaube 16. *Begeben Sie sich auf der Karte zu #23.*

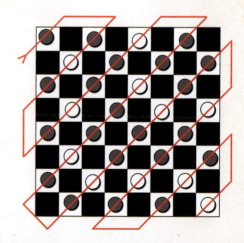

18. ☞ Die Steine sind von oben links nach unten rechts entlang einer gebrochenen Diagonale angeordnet, wobei jeweils 2 schwarze Steine mit 1 weißen alternieren. Der letzte Stein unten rechts müsste schwarz sein. *Begeben Sie sich auf der Karte zu #10.*

19. ☞ KAPITAEN passt nicht ins Kreuzworträtsel. *Begeben Sie sich auf der Karte zu #13.*

		R			W	U	N	D	A	R	Z	T		K		
		U		S						I		M	A	A	T	
		D	E	C	K	S	M	A	N	N		M		L		
		E		H						M		M		F		
		R		R		S		S	T	E	U	E	R	M	A	N N
		G		E		M		A		R		T				
		A		I		U		K		E		E				
		S		B	O	T	T	E	L	I	E	R				
		T		E				E				E				
				R		M	A	T	R	O	S	E				
												R				

20. ☞ Beide Quadrate enthalten: FLIEGER, GENUA, DRIFTER, BLINDE, KLÜVER, JAGER. BESAN findet sich nur im linken Quadrat. *Begeben Sie sich auf der Karte zu #6.*

21. ☞ Die Zeit ist zwölf Uhr. Wenn Sie die vier versetzten Quadrate mit zwei sich überkreuzenden Geraden verbinden und zwei Geraden daneben platzieren, ergibt sich das römische Zahlzeichen XII. *Begeben Sie sich auf der Karte zu #12.*

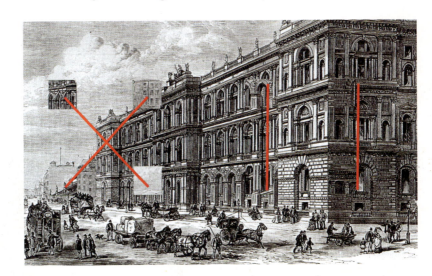

22. ☞ Wenn man die Linien über die sechzehn Punkte des Quadrats hinaus verlängert, kann man in einem Zug sechs gerade Abschnitte zeichnen. *Begeben Sie sich auf der Karte zu #19.*

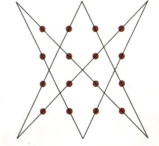

23. ☞ PERCYS RAUM (Sprünge von jeweils 3 Buchstaben).

Lösung des Silbenrätsels

— 13 —
Watsons Revolver

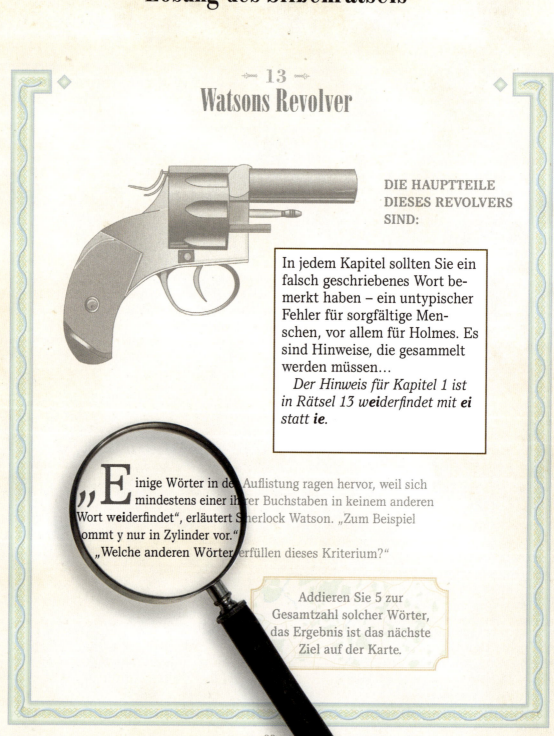

DIE HAUPTTEILE DIESES REVOLVERS SIND:

In jedem Kapitel sollten Sie ein falsch geschriebenes Wort bemerkt haben – ein untypischer Fehler für sorgfältige Menschen, vor allem für Holmes. Es sind Hinweise, die gesammelt werden müssen…

*Der Hinweis für Kapitel 1 ist in Rätsel 13 w**ei**derfindet mit **ei** statt **ie**.*

„Einige Wörter in der Auflistung ragen hervor, weil sich mindestens einer ihrer Buchstaben in keinem anderen Wort w**ei**derfindet", erläutert Sherlock Watson. „Zum Beispiel kommt y nur in Zylinder vor."
„Welche anderen Wörter erfüllen dieses Kriterium?"

Addieren Sie 5 zur Gesamtzahl solcher Wörter, das Ergebnis ist das nächste Ziel auf der Karte.

—22—

Wenn Sie die Buchstaben **EIGRTSE** als Hinweise in den sechs Kapiteln gefunden haben, ergibt sich richtig gelesen das Wort **GEISTER**.

Diese Wesen bildeten für Sir Arthur Conan Doyle wichtige Bezugspunkte. Sein ganzes Leben hindurch war er an zwei widerstreitenden Bereichen aus Schaffen und Forschen interessiert, der Logik und dem Übernatürlichen. Einerseits schuf er Sherlock Holmes, den logischsten je ersonnenen Menschen, andererseits schrieb er authentische Horrorgeschichten, die im Gegensatz zum Roman *Der Hund der Baskervilles*, in dem Phosphor die feurige Erscheinung des Hundes verursacht, ohne logische Erklärungen enden, sondern oft nahelegen, dass mysteriöse Phänomene stattfinden.

Sir Arthur nahm oft an Séancen teil, in denen Geister vor seinen Augen erschienen. Er hat niemals zugegeben, von betrügerischen Medien getäuscht worden zu sein, sondern bestand immer darauf, dass er strengste wissenschaftliche Methoden anwendete, um deren übernatürlichen Experimente zu analysieren. Das heißt, dass er seine frühe medizinische Ausbildung und Praxis niemals vergaß, die ihn lehrte, sich den unerwarteten Erscheinungen der Wirklichkeit ebenso zu stellen wie wissenschaftliche Mittel zu benutzen, um sich damit auseinanderzusetzen.

Waren Doktor Watson und Sherlock Holmes letztlich nichts anderes als zwei Gesichter Conan Doyles, Autor, Arzt und Schöpfer von Rätseln, die er sich selbst zur Lösung vorlegte?

*Der Hinweis für Kapitel 2 ist in Rätsel 19 Logi**g** mit **g** statt **k**.*

*Der Hinweis für Kapitel 3 ist in Rätsel 5 **R**itter mit **R** statt **G**.*

*Der Hinweis für Kapitel 4 ist im Rätsel 14 Wat**t**on mit **t** statt **s**.*

*Der Hinweis für Kapitel 5 ist im Rätsel 15 darau**s** mit **s** statt **f**.*

*Der Hinweis für Kapitel 6 ist im Rätsel 5 F**e**ltung mit **e** statt **a**.*

Lösungen zu den Karten

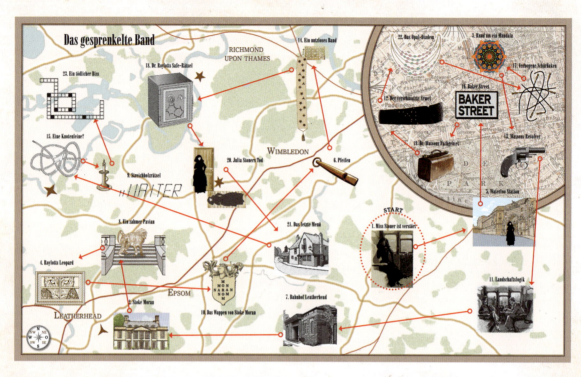

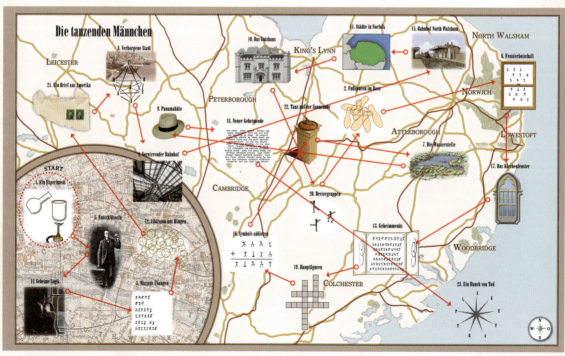

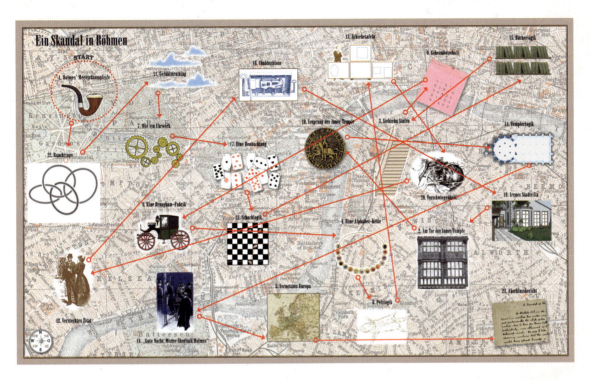
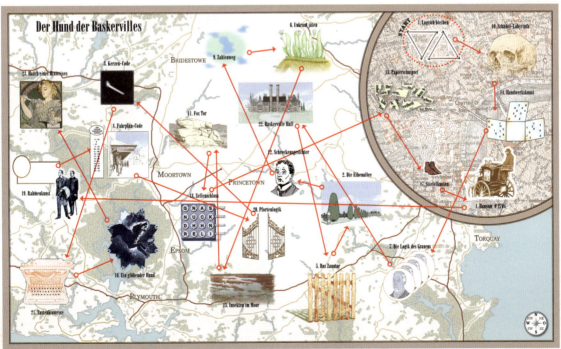

Lösungen zu den Karten

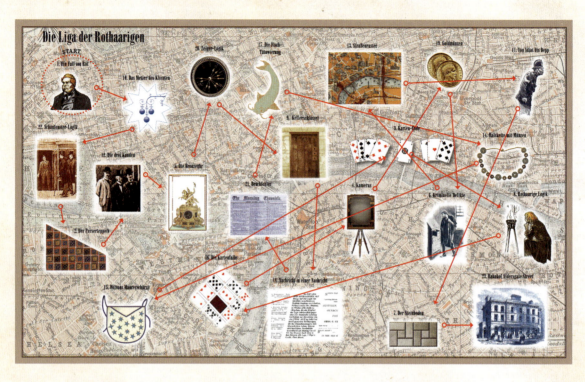

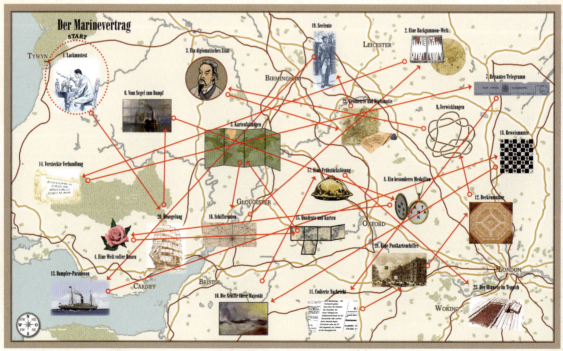